NUEVO

DELE

B1

RAMÓN DÍEZ GALÁN

ÍNDICE

Los audios se encuentran en el vídeo de YouTube: "Prueba de Comprensión Auditiva NUEVO DELE B1"

En la descripción del vídeo están los enlaces a todas las tareas.

También se pueden descargar en **MP3** desde la dirección web: **www.bit.ly/NUEVODELEB1**

Si tienes cualquier duda, problema o necesitas el audio en otro formato, puedes escribirme un email:

ramondiezgalan@gmail.com

CONSEJOS PARA EL DELE B1

Comprensión de lectura

Debes responder a todas las preguntas, los errores no quitan aciertos.

Es importante leer bien todas las posibles respuestas y entenderlas, una de las opciones suele ser un distractor, tiene una palabra igual a otra que hay en el texto, pero la frase no significa lo mismo.

Para algunas personas, es mejor leer las posibles respuestas antes que el texto y marcar las palabras clave.

Debes organizarte bien y no perder tiempo, tienes 70 minutos, puedes practicar en casa con un cronómetro. Lo mejor es hacer las cinco tareas en 60 minutos, utilizar 5 minutos para completar la hoja de respuestas y otros 5 minutos para leer los enunciados de la parte de comprensión auditiva y marcar las palabras clave.

Comprensión auditiva

Vas a escuchar los audios dos veces, controla los nervios, las preguntas van en orden, si no escuchas una, salta a la siguiente.

Antes de escuchar los audios, debes haber leído bien las preguntas y respuestas posibles.

Responde a todas las preguntas, también a las que no has entendido bien, los errores no quitan aciertos.

Puedes subrayar palabras clave antes de empezar a escuchar la tarea. También puedes escribir anotaciones en el papel.

Expresión e interacción escritas

Practica en casa o con tu profesor.

Es muy importante responder exactamente a lo que se te pide, sin olvidar ninguno de los puntos.

Usa las comas y los puntos.

Incluye conectores, por ejemplo:

- Aditivos: además, sobre todo.
- Consecutivos: por eso, entonces, así que, por lo tanto.
- Ordenadores: en primer lugar, por un lado, por una parte, en segundo lugar, por otro lado, por otra parte, en conclusión, para terminar, finalmente.
- Contraargumentativos: aunque, sin embargo.
- Explicativos: o sea, es decir.
- Focalizadores: en cuanto a, respecto a.
- De especificación: en concreto, en particular, en resumen.

Utiliza estructuras, que conoces y has practicado antes, para no cometer errores.

Al terminar de escribir, repasa la ortografía.

Expresión e interacción orales

Vas a tener que hacer un monólogo, esto no suele ser natural y es fácil bloquearse, lo mejor es tener una estructura ya preparada de casa.

Responde a todos los puntos que se te piden, es muy importante.

Los examinadores van a fijarse en el uso de la gramática que haces, trata de no cometer errores con los tiempos verbales.

Tu discurso debe ser fluido y natural, trata de llevar la conversación a temas que conoces y con los que sientes comodidad al hablar.

El vocabulario es importante, es recomendable que te familiarices con el vocabulario de: viajes, experiencias, vida familiar, tiempo libre, actividad física, salud, etc.

Utiliza los conectores y organizadores del discurso, aquí tienes algunos ejemplos de ellos:

- Claro, desde luego, por supuesto.
- En especial, especialmente, en concreto, en particular, en resumen.
- Pues.
- Aunque, sin embargo.
- Por eso, entonces, así que, por lo tanto.
- Luego, después.
- Finalmente.

COSAS IMPORTANTES PARA EL EXAMEN

· Adjetivos calificativos que varían con prefijos (útil, inútil, agradable, desagradable…)

· Términos que suelen preceder al subjuntivo (para que, ojalá, no creo que, antes de que…)

· Dar opiniones personales (no creo que eso sea interesante, diría que es una buena idea…)

· Algo, alguien, alguno, algún…

· Nada, nadie, ninguno, ningún…

· La mayoría, un montón de gente, pocas personas, algunos de ellos…

· Compro el coche – lo compro, quiero la casa – la quiero.

· Compro el coche a Marta – se lo compro.

· ¿Para qué? ¿Con qué? ¿A qué? ¿Con quién? ¿A quién? ¿Para quién?...

· Dentro de dos semanas, la semana que viene…

· Expresar dudas (no sé, estará en casa)

· Además, incluso, por el contrario, excepto, sobre todo…

· Combinación de pasados (cuando llegué, estaba hablando por teléfono)

· Estilo indirecto (ella dijo que quería comprar un coche nuevo)

· Explicaciones entre comas (Ayer Juan, el hijo de Marta, me dijo que iría con nosotros)

· Adverbios con –mente (silenciosamente, fácilmente, ágilmente…)

· Sin embargo, aunque, a pesar de que.

· Aconsejar, permitir, prohibir.

· Hasta que (estuvimos viendo la película hasta que llegó Pedro)

VOCABULARIO

Y

MODELO 1

TURISMO Y TIEMPO LIBRE

VOCABULARIO

¿Conoces estas palabras?

Alojamiento	Autopista
Folleto	Semáforo
Caravana	Carril bici
Crucero	Camión
Arena	Despegar
Olas	Aterrizar
Sandalias	Guía
Sombrilla	Albergue
Pelota	Frontera
Bucear	Horario
Senderismo	Pasajero
Escalador	DNI
Cazador	Cancelado
Pensión	Retrasado
Equipaje	Maleta
Tienda de campaña	Trasbordo
Recepcionista	Seguro de viaje
Conserje	Reclamación
Saco de dormir	Servicio de habitaciones
Manta	Azafata

1. Relaciona las siguientes palabras con sus definiciones:

moreno – borracho – ración – conferencia – asiento – escenario – cola – chándal – árbitro – dueño – vigilante

1. Cantidad determinada de alimento que se toma como aperitivo entre varias personas o comida informal.

2. Parte del teatro u otro lugar destinado a la representación de un espectáculo ante un público.

3. Que tiene la piel de color marrón oscuro, tirando a negro, por efecto del sol.

4. Persona encargada de controlar la seguridad de algún lugar.

5. Persona que ha bebido demasiado alcohol.

6. Reunión para discutir sobre un tema importante, en especial si se trata de representantes de países, organismos o empresas.

7. Lugar, objeto o mueble, que se utiliza para sentarse.

8. Fila de personas o vehículos que guardan turno para algo.

9. Persona que en competiciones deportivas es la encargada de hacer cumplir el reglamento.

10. Ropa deportiva compuesta por una chaqueta o sudadera y pantalón largo a juego; suele ponerse sobre otras prendas deportivas cortas.

11. Persona que posee una cosa. Que tiene algo que es de su propiedad.

2. Usa los verbos en las siguientes frases (conjugados adecuadamente).

aburrirse – inscribirse – tocar – oler – portarse – buscar – perder – vender – cortarse – aparcar

1. Tengo que ir a la peluquería para .... el pelo, lo tengo ya muy largo.

2. Necesitamos que ella .... un hotel para su hija, no cabe en el nuestro.

3. Me gustan mucho los hoteles de esta empresa, las habitaciones .... muy bien, creo que ponen un perfume de vainilla.

4. Ayer fui al casino con mis amigos, Jaime ganó 20 € en la ruleta, pero yo .... mucho dinero, no vuelvo a ir nunca más.

5. Quiero que me .... la lotería, por eso he comprado muchos boletos para el sorteo de Navidad.

6. Cuando era pequeño, mi madre me llevaba todos los martes a la ópera, no me gustaba nada, ... muchísimo.

7. Ayer fui en coche al centro de Barcelona, todos los parkings públicos estaban ocupados, por eso .... el coche en el garaje de mis tíos.

8. Vamos a .... en el torneo de baloncesto que organiza la escuela, necesitamos una fotocopia del DNI y una autorización escrita de nuestros padres.

9. Cuando mi hijo tenía 5 años viajábamos mucho en avión, él siempre .... muy bien, nunca lloraba y estaba todo el viaje sentado en su asiento.

10. Mi padre quiere que yo .... mi moto, dice que tiene miedo porque puedo tener un accidente.

MODELO 1 HOJA DE RESPUESTAS

Prueba 1. Comprensión de lectura

Tarea 1

1 A☐ B☐ C☐ D☐ E☐ F☐ G☐ H☐ I☐
2 A☐ B☐ C☐ D☐ E☐ F☐ G☐ H☐ I☐
3 A☐ B☐ C☐ D☐ E☐ F☐ G☐ H☐ I☐
4 A☐ B☐ C☐ D☐ E☐ F☐ G☐ H☐ I☐
5 A☐ B☐ C☐ D☐ E☐ F☐ G☐ H☐ I☐
6 A☐ B☐ C☐ D☐ E☐ F☐ G☐ H☐ I☐

Tarea 2

7 A☐ B☐ C☐
8 A☐ B☐ C☐
9 A☐ B☐ C☐
10 A☐ B☐ C☐
11 A☐ B☐ C☐
12 A☐ B☐ C☐

Tarea 3

13 A☐ B☐ C☐
14 A☐ B☐ C☐
15 A☐ B☐ C☐
16 A☐ B☐ C☐
17 A☐ B☐ C☐
18 A☐ B☐ C☐

Tarea 4

19 A☐ B☐ C☐ D☐ E☐ F☐ G☐ H☐
20 A☐ B☐ C☐ D☐ E☐ F☐ G☐ H☐
21 A☐ B☐ C☐ D☐ E☐ F☐ G☐ H☐
22 A☐ B☐ C☐ D☐ E☐ F☐ G☐ H☐
23 A☐ B☐ C☐ D☐ E☐ F☐ G☐ H☐
24 A☐ B☐ C☐ D☐ E☐ F☐ G☐ H☐

Tarea 5

25 A☐ B☐ C☐
26 A☐ B☐ C☐
27 A☐ B☐ C☐
28 A☐ B☐ C☐
29 A☐ B☐ C☐
30 A☐ B☐ C☐

Prueba 2. Comprensión auditiva

Tarea 1

1 A☐ B☐ C☐
2 A☐ B☐ C☐
3 A☐ B☐ C☐
4 A☐ B☐ C☐
5 A☐ B☐ C☐
6 A☐ B☐ C☐

Tarea 2

7 A☐ B☐ C☐
8 A☐ B☐ C☐
9 A☐ B☐ C☐
10 A☐ B☐ C☐
11 A☐ B☐ C☐
12 A☐ B☐ C☐

Tarea 3

13 A☐ B☐ C☐
14 A☐ B☐ C☐
15 A☐ B☐ C☐
16 A☐ B☐ C☐
17 A☐ B☐ C☐
18 A☐ B☐ C☐

Tarea 4

19 A☐ B☐ C☐ D☐ E☐ F☐ G☐ H☐ I☐
20 A☐ B☐ C☐ D☐ E☐ F☐ G☐ H☐ I☐
21 A☐ B☐ C☐ D☐ E☐ F☐ G☐ H☐ I☐
22 A☐ B☐ C☐ D☐ E☐ F☐ G☐ H☐ I☐
23 A☐ B☐ C☐ D☐ E☐ F☐ G☐ H☐ I☐
24 A☐ B☐ C☐ D☐ E☐ F☐ G☐ H☐ I☐

Tarea 5

25 A☐ B☐ C☐
26 A☐ B☐ C☐
27 A☐ B☐ C☐
28 A☐ B☐ C☐
29 A☐ B☐ C☐
30 A☐ B☐ C☐

PRUEBA 1
COMPRENSIÓN DE LECTURA

La prueba de **Comprensión de lectura** contiene cinco tareas. Usted debe responder a 30 preguntas. Duración: 70 minutos. Marque sus opciones únicamente en la **Hoja de respuestas**.

TAREA 1

Instrucciones

Usted va a leer seis textos en los que unas personas hablan de viajes y nueve textos que informan sobre propuestas de vacaciones. Relacione a las personas (1-6) con los textos que informan sobre las vacaciones (A-I). HAY TRES TEXTOS QUE NO DEBE RELACIONAR. Marque las opciones elegidas en la **Hoja de respuestas**.

	PERSONA	TEXTO
1	Alba	
2	José	
3	Bea	
4	Ernesto	
5	Magda	
6	Aurora	

1. Alba: Ya soy mayor de edad. Odio aburrirme, necesito emociones fuertes en mi vida. Me encanta escuchar cómo mi corazón funciona al 100%.

2. José: Soy un amante de la naturaleza y los animales, me encanta caminar durante horas por bosques y montañas. Estoy buscando aventuras y descubrir lugares nuevos.

3. Bea: No me gusta tener sorpresas durante mis viajes, soy una chica muy perfeccionista y quiero tener siempre todo controlado, hasta el más mínimo detalle.

4. Ernesto: Me encanta el mar, nací en una isla y desde pequeño he visto los barcos salir por las mañanas del puerto. Quiero que mis hijos sientan lo mismo que yo, por eso, quiero navegar con ellos.

5. Magda: Este año quiero hacer algo diferente. Nunca he montado en avión y creo que ha llegado el momento de hacerlo.

6. Aurora: Mis tíos se han comprado una caravana y nos han propuesto ir de viaje todos juntos en julio, a mí me parece una idea genial. Si somos demasiados, también podemos dormir en tiendas de campaña.

TEXTOS

A. Resort La Quebrada
Siete días de viaje para pasar unas magníficas vacaciones sin preocupaciones en la costa. Excursiones a caballo para visitar las principales ruinas de la zona. Seguros de viaje y visados para toda la familia incluidos en el precio del paquete turístico.

B. Barbarroja
El crucero Barbarroja es, sin lugar a dudas, el mejor lugar para desconectar del día a día. Camarotes de primera, segunda y tercera clase con todo el equipamiento. Bufet libre para desayunar y cenar. Consulta ahora mismo nuestras ofertas para familias.

C. Norberg Reserve
Bienvenidos al Parque Nacional Norberg, un lugar ideal para la práctica del senderismo en un ecosistema único en el mundo. Rutas de 5, 10 y 15 kilómetros con diferentes niveles de dificultad. Prohibido hacer barbacoas y cazar en todo el recinto del parque.

D. Lion Park

El parque de atracciones en el que no tendrás ni un segundo para respirar. Siente cómo la adrenalina fluye por tu cuerpo. Disfruta de las atracciones más impresionantes de Europa. Entrada permitida solamente a mayores de 18 años. Abierto a partir del 15 de junio.

E. Centro cultural Leonesa

Celebramos eventos de todo tipo para escolares y grupos organizados. Nuestra especialidad son las excursiones culturales temáticas por el casco histórico de la ciudad. Ofrecemos audioguías en diferentes idiomas: ruso, polaco, francés, alemán e inglés.

F. Visita exprés a Mallorca

Plan de viaje: aterrizamos a las 8:00 de la mañana, visitamos el centro de Palma (la capital de Mallorca) a pie durante dos horas, nos bañamos, comemos en un restaurante de tapas y por la tarde visitamos unos pueblos históricos. Despegamos a las 21:00.

G. Fotógrafo profesional

¿Quieres olvidarte de todo durante tu viaje y tener unos recuerdos increíbles? Déjalo en mis manos, te seguiré sin que te des cuenta durante tus vacaciones y crearé un álbum de fotos original para que sorprendas a tus amigos al volver a casa.

H. La Marina

Camping La Marina, junto al castillo del Rey Jaime. Un lugar ideal para escapadas de fin de semana. Ven y acampa con tu familia o amigos en un entorno de lo más agradable. Disponemos de piscina climatizada y SPA.

I. Club Libertad

Los ritmos cubanos han llegado a la ciudad. Nuestro instructor "El gran Martín" ofrece cursos de baile para parejas con experiencia, todos los martes y jueves. Ven ya y prepárate para la próxima competición que tendrá lugar en agosto.

Instrucciones

Usted va a leer un texto Thomas Cook. Después, debe contestar a las preguntas (7-12). Seleccione la respuesta correcta (a / b / c). Marque las opciones elegidas en la **Hoja de respuestas**.

Thomas Cook y la primera agencia de viajes de la historia

Las agencias de viajes forman parte de nuestra vida de tal forma que, por un lado, parece que siempre han estado ahí, pero por otro tenemos una extraña sensación de que son un invento nuevo. Pero tal vez, no lo sean tanto como imaginamos.

Lo cierto es que todo empezó de la mano de un pastor baptista cuyo nombre, Thomas Cook, acabó siendo famoso por todo el mundo siglos después de su muerte.

Thomas Cook (1808-1892) era un religioso inglés, al que se le recuerda por ser el fundador de la primera agencia de viajes de la historia, así como el inventor del concepto de turismo moderno.

Todo empezó en el año 1841, cuando convenció a la compañía ferroviaria de Midland Counties Railway Company para ofrecer los servicios de un tren especial entre las localidades de Leicester y Loughborough. El ferrocarril sería ocupado por un grupo de 500 viajeros seleccionado por él mismo.

El trayecto se convertiría en la primera excursión que se ofrecía para viajar en tren, así como la primera en ser publicitada en Inglaterra. Se trataba de un recorrido de unos 19 kilómetros que se promocionaba por medio de pequeños carteles que se colgaban por la calle.

 Después de aquello, la compañía ferroviaria le propuso planificar y organizar más excursiones de forma permanente. Su labor como agente de viajes no había hecho más que empezar.

Pocos años después, comprendiendo el potencial que tenían aquellas excursiones, fundó la que se considera la primera agencia de viajes del mundo: Thomas Cook & Son. Corría el año 1845. El proyecto fue un éxito y pronto se extendieron trayectos y paquetes de viajes turísticos por todo el país.

Su primer establecimiento a pie de calle como agencia de viajes abrió sus puertas en Fleet Street, en Londres, en 1865. En 1872 ya organizaban rutas alrededor del mundo.

En 1890, Thomas Cook & Son contaba con 1714 empleados, 84 oficinas y 85 agencias en distintos lugares del mundo.

A principios del siglo XXI seguía consolidándose como una de las compañías de viajes más grandes e importantes del mundo y fue adquirida por la compañía alemana C&N Touristic AG.

Sin embargo, la compañía Thomas Cook, fue acumulando deudas de tal forma que su negocio terminó quebrando, después de llevar a sus espaldas 178 años de recorrido histórico desde aquellos primeros viajes en tren. La compañía cerró tras presentar suspensión de pagos, en un suceso que dejó a muchos de sus viajeros abandonados por el mundo.

PREGUNTAS

7. Según el texto...
a) las agencias de viaje son un invento reciente.
b) Thomas Cook nació y murió en el mismo siglo.
c) la forma en la que murió Thomas Cook se hizo famosa.

8. En las primeras excursiones que Thomas Cook organizó...
a) los viajeros se desplazaban en tren.
b) solo podían viajar ingleses.
c) había promociones especiales para religiosos.

9. Para publicitar sus primeros viajes, Thomas Cook utilizó...
a) ferrocarriles.
b) carteles.
c) excursiones.

10. Tras los viajes de Leicester a Loughborough, la compañía ferroviaria...
a) no quedó muy satisfecha con los resultados.
b) propuso realizar el mismo trayecto en otros transportes.
c) quiso continuar con la colaboración.

11. La primera agencia de viajes física, donde los clientes podían ir a comprar sus viajes...
a) se abrió en Londres.
b) fue inaugurada por el hijo de Thomas Cook.
c) abrió en el año 1845.

12. Después de 178 años de historia...
a) los viajeros siguen prefiriendo la agencia de Thomas Cook.
b) Thomas Cook decidió cerrar su agencia de viajes.
c) la famosa agencia de viajes sufrió una grave crisis y se arruinó.

Instrucciones

Usted va a leer tres textos en los que unas personas nos hablan de sus experiencias en viajes. Relacione las preguntas (13-18) con los textos (A, B o C). Marque las opciones elegidas en la **Hoja de respuestas.**

		A. ANA	B. MAX	C. LEO
13.	¿Qué persona tenía una nevera en su dormitorio?			
14.	¿Quién dice que un familiar espera un hijo?			
15.	¿Quién no podía utilizar su tarjeta de crédito para pagar por las comidas?			
16.	¿Qué persona viajó con poco dinero?			
17.	¿Quién dice que perdió jugando a videojuegos durante su viaje?			
18.	¿Quién dice que había un electrodoméstico que estaba estropeado?			

TEXTOS

A. ANA

Hace cinco años estuve en Andalucía con mi familia. Nuestro presupuesto era bajo, por eso nos alojamos en pensiones de mala muerte, algunas de ellas no tenían ni aire acondicionado en las habitaciones y necesitábamos ducharnos tres veces al día. Recuerdo un sitio donde dormimos que estaba lleno de velas aromáticas, al poco tiempo entendí por qué, el olor en la habitación era horrible, las velas permitían estar dentro sin marearse.

Por suerte, pasamos la mayor parte del tiempo en la calle y vimos lugares maravillosos. Comimos en varios bares familiares con comida deliciosa, lo que me sorprendió es que en casi todos ellos teníamos que abonar la cuenta en metálico, parece que la tecnología no ha llegado todavía a estos establecimientos.

B. MAX

Viajo siempre en solitario y aquella vez no hice una excepción, fui a Fuerteventura, en mi opinión, la isla más bonita que he visto en la vida. Mi hermana vive en Fuerteventura desde hace siete años, me quedé a dormir en su casa.

Ahora ella está embarazada de ocho meses, estoy deseando conocer a mi sobrinito, se va a llamar Max y voy a ser su padrino.

Durante el día visité las diferentes rutas de escalada y senderismo de la isla y por las noches jugué a la Play Station con mi cuñado, no le gané ni una sola vez. Ahora estoy un poco triste porque sé que no volveré a Canarias hasta el próximo verano.

C. LEO

Pasé unos días con mi mujer en Murcia. El hotel me encantó, las recepcionistas atendían a los clientes siempre con una sonrisa de oreja a oreja y las habitaciones estaban muy bien equipadas, lo mejor era que había un pequeño frigorífico que nos vino muy bien.

Teníamos una sala común con televisión, cafetera y más cosas. Había incluso un horno que no funcionaba muy bien, pero esto no nos importó porque teníamos todas las comidas incluidas en el precio.

Un día, mi mujer se cortó con un cuchillo y se hizo una herida bastante grande, acabamos yendo al centro de salud. Por suerte, se recuperó pronto y pudimos disfrutar de las vacaciones juntos.

Instrucciones
Lea el siguiente texto, del que se han extraído seis fragmentos. A continuación, lea los ocho fragmentos propuestos (A-H) y decida en qué lugar del texto (19-24) hay que colocar cada uno de ellos. HAY DOS FRAGMENTOS QUE NO TIENE QUE ELEGIR. Marque las opciones elegidas en la **Hoja de respuestas**.

LA HISTORIA DE LA PIZZA

La historia de la pizza está ligada al consumo del pan por parte de la humanidad. En el antiguo Egipto empezaron a prepararse panes con harina, agua y miel. En la antigua Grecia al pan se le añadía grasa, especias, ajo y cebolla. En Italia se conocía como "pizza bianca" elaborada con pan, grasa, hierbas, ajo, cebolla y aceitunas, ...(19)..............

Con la llegada del tomate a Europa desde América, este plato dio un giro inesperado. ....(20).............., mientras que en el resto de Europa no se utilizaron en la cocina hasta el siglo XVIII. Al principio el tomate se consideraba venenoso y solo se utilizaba en la jardinería a modo decorativo, no eran un alimento, hasta que un día un campesino napolitano por su necesidad de comer, acompañó su pan de un tomate y le encantó, ...(21)............. Convirtiéndose esta combinación de pan con tomate en un plato muy apreciado en la región de Nápoles. Con el paso del tiempo, debido a su gran demanda, aparecieron los pizzeros napolitanos, ...(22)..............

Es en el siglo XVII en Italia, concretamente en Nápoles, cuando apareció la pizza como plato popular tal y como la conocemos hoy en día. Era ya un plato muy popular entre la gente que se lo llevaba a su casa o se lo comía en la calle, apareciendo también vendedores ambulantes de este rico manjar.

Raffaele Espósito, un conocido pizzero de Nápoles de aquella época, ...(23)..............., en junio de 1889 fue el encargado de elaborar unas pizzas para los reyes italianos, Don Umberto I y Doña Margarita de Saboya. Raffaele Espósito horneó y envió a sus majestades tres pizzas diferentes, la preferida de la reina fue la que le recordó por sus colores a la bandera de Italia, por lo que fue rebautizada por Raffaele Espósito como "Pizza Margarita".

…………(24)……….…., por lo que se extendió por toda Italia rápidamente convirtiéndose en el símbolo gastronómico de todo el país y en un elemento unificador ya que todos, desde la reina hasta el más humilde campesino podían comerla. No pasó mucho tiempo para que la pizza fuera conocida y apreciada más allá de Italia y conquistase el mundo entero.

Adaptado de: www.palacios.es

FRAGMENTOS

A. al sobrevivir se corrió la voz y a partir de entonces la gente humilde napolitana empezó a comer los tomates con sus panes secos

B. A partir de ese momento todos querían probar la pizza preferida de la reina

C. los ingredientes disponibles en la mayoría de los hogares humildes, era un plato al alcance de la mayoría

D. dueño de la pizzería "Pietro il Pizzaiolo", que hoy conocemos bajo el nombre de "Pizzeria Brandi"

E. Cuando volvió a su país natal, no pudo cocinar pizza nunca más

F. Siendo en Nápoles en el siglo XVI cuando se empezaron a consumir los tomates como alimento

G. el primero que le dijo esto fue un familiar lejano que viajaba a Nápoles frecuentemente

H. separados de los clásicos panaderos, preparando ellos mismos la masa y horneándola

TAREA 5

Instrucciones
Lea el texto y rellene los huecos (25-30) con la opción correcta
(a / b / c). Marque las opciones elegidas en la **Hoja de**
respuestas.

Buenos días, Jorge:

Ayer no .....25..... escribirte, lo siento mucho. Mi hermano me dijo que
necesitaba ayuda para montar unas estanterías en el sótano y tuve que ir
a su casa. Pensaba que .....26..... a acabar en una o dos horas, pero al
final estuvimos casi toda la tarde haciéndolo. ¿Fuisteis al centro
comercial? He oído que han abierto una nueva tienda de ropa en la
primera .....27....., me gustaría ir a verla.

¿Sabes algo de la despedida de soltero de Jaime? Si quieres que
.....28..... juntos pasa por mi casa sobre las ocho de la tarde. Esta mañana
le hemos comprado un regalo entre todos los amigos, te envío una foto
para que .....29..... puedas ver, solo nos falta comprar papel de regalo y
envolverlo.

Contéstame cuando puedas, no tengas prisa porque hoy voy a estar
bastante liado en el trabajo y no creo que .....30..... ver tu mensaje hasta
la noche. Espero que tengas un buen día, hasta pronto,

Alberto

Opciones

25. a) podré	b) pude	c) he podido
26. a) fuimos	b) íbamos	c) iremos
27. a) planta	b) piso	c) plaza
28. a) vamos	b) iremos	c) vayamos
29. a) lo	b) se	c) le
30. a) podría	b) ponga	c) pueda

PRUEBA 2
COMPRENSIÓN AUDITIVA

La prueba de **Comprensión auditiva** contiene cinco tareas. Debe responder a 30 preguntas. Duración: 40 minutos.

Marque sus opciones en la **Hoja de respuestas**.

Los audios se encuentran en el vídeo de YouTube:
"Prueba de Comprensión Auditiva NUEVO DELE B1"

TAREA 1
Audio en vídeo de YouTube (0:02)

Instrucciones
Usted va a escuchar seis mensajes. Escuche cada mensaje dos veces. Después debe contestar a las preguntas (1-6). Seleccione la opción correcta (a / b / c). Marque las opciones elegidas en la **Hoja de respuestas**. Tiene 30 segundos para leer las preguntas.

PREGUNTAS

Mensaje 1

1. ¿Dónde están estas personas?
a) En un aeropuerto.
b) En un coche.
c) En una isla.

Mensaje 2

2. ¿Qué ha pasado?
a) Ha tenido una enfermedad.
b) Ha tenido un buen día.
c) Ha tenido un accidente de tráfico.

Mensaje 3

3. ¿Qué va a comer?
a) Verduras.
b) Gambas.
c) Legumbres.

Mensaje 4

4. ¿De qué habla?
a) En la escuela.
b) De un viaje.
c) De un partido de fútbol.

Mensaje 5

5. ¿Qué le pasa a esta persona?
a) Necesita dinero para comprar ropa.
b) No puede comprar unos billetes de avión.
c) Quiere utilizar el Internet de su vecino.

Mensaje 6

6. ¿Qué está haciendo?
a) Está saliendo de un hotel.
b) Está trabajando en un hotel.
c) Está hablando por teléfono con un desconocido.

TAREA 2

Audio en vídeo de YouTube (2:12)

Instrucciones

Usted va a escuchar una audición dos veces.
Después debe contestar a las preguntas (7-12).
Seleccione la respuesta correcta (a / b / c). Marque
las opciones elegidas en la **Hoja de respuestas**.
Tiene 30 segundos para leer las preguntas.

PREGUNTAS

7. Enrique de pequeño…
a) enfermaba al volver de cada viaje.
b) tenía miedo a volar.
c) no era muy obediente.

8. ¿Cuándo perdió Enrique su anillo?
a) Cuando estaba pescando tiburones con un amigo.
b) Durante su viaje de novios.
c) Cuando estaba visitando un zoo con sus padres.

9. Enrique comenta que…
a) su mujer no quiere que vaya a las montañas con amigos.
b) va a las montañas solo en invierno.
c) tuvo problemas una vez por escalar borracho.

10. Enrique dice que…
a) suele cocinar en su casa.
b) es más vago cuando no viaja.
c) viaja solo cuando tiene vacaciones en su empresa.

11. ¿Qué le pasó cuando viajó a Turquía?
a) Su mujer se enfadó con su hijo.
b) No pudo comprar billetes de avión para volver.
c) La compañía aérea perdió el equipaje de su familia.

12. Enrique comenta que, en la actualidad…
a) planea los viajes con más tiempo.
b) hace viajes cortos.
c) viaja casi sin equipaje.

TAREA 3
Audio en vídeo de YouTube (5:05)

Instrucciones

Usted va a escuchar seis noticias en un programa. Escuche el programa dos veces. Después debe contestar a las preguntas (13-18). Seleccione la respuesta correcta (a / b / c). Marque las opciones elegidas en la **Hoja de respuestas**. Tiene 30 segundos para leer las preguntas.

PREGUNTAS

Noticia 1
13. La empresa TOPAIR...
a) tendrá más vuelos durante las Navidades que otras aerolíneas.
b) está en el mercado desde el verano pasado.
c) ofrecerá descuentos para antes y después de una boda.

Noticia 2
14. Los hoteleros...
a) tienen miedo de la huelga.
b) no quieren pagar más al gobierno.
c) han creado un nuevo impuesto.

Noticia 3
15. La última campaña publicitaria de MIRAMAR...
a) ha sido un éxito en las redes sociales.
b) era en formato papel.
c) estaba enfocada en buscar clientes entre el público femenino.

Noticia 4
16. En el concurso de tapas...
a) la tapa ganadora tenía muchas especias.
b) los dueños de los restaurantes se pelearon.
c) el restaurante Montenegro elaboró un plato con marisco.

Noticia 5
17. La noticia habla sobre...
a) una fiesta en el calendario chino.
b) los problemas del gobierno chino.
c) un viaje espacial.

Noticia 6
18. En este lugar...
a) los meteorólogos siempre aciertan con sus predicciones.
b) el cielo no estará nublado durante toda la semana.
c) lloverá cuando llegue la ola de frío.

TAREA 4

Audio en vídeo de YouTube (7:43)

Instrucciones

Usted va a escuchar a seis personas que cuentan anécdotas. Escuche cada audio dos veces. Seleccione el enunciado (A-I) que corresponde a cada mensaje (del 19 al 24). Hay nueve opciones. Seleccione seis. Marque las opciones elegidas en la **Hoja de respuestas**. Tiene 20 segundos para leer los enunciados.

ENUNCIADOS

A.	Había mucha contaminación.
B.	Los enfermos pasan primero.
C.	Hay aves en este lugar.
D.	Se pueden alquilar vehículos.
E.	No se puede llevar ropa deportiva en este lugar.
F.	Caía hielo del cielo.
G.	Se puede practicar atletismo.
H.	Hizo un viaje de negocios.
I.	Se puede practicar la natación.

	PERSONAS	ENUNCIADOS
19.	Persona 1	
20.	Persona 2	
21.	Persona 3	
22.	Persona 4	
23.	Persona 5	
24.	Persona 6	

TAREA 5

Audio en vídeo de YouTube (<u>10:25</u>)

Instrucciones
Usted va a escuchar una conversación entre dos amigos. Indique si los enunciados (25-30) se refieren a Álex (A), a Bea (B) o a ninguno de los dos (C). Escuche la conversación dos veces. Marque las opciones elegidas en la **Hoja de respuestas**.

Tiene 25 segundos para leer los enunciados

		A. ÁLEX	**B.** BEA	**C.** NINGUNO
25.	Esta persona perdió algo.	☐	☐	☐
26.	Se parece mucho a un familiar.	☐	☐	☐
27.	Condujo un vehículo.	☐	☐	☐
28.	Tuvo resaca.	☐	☐	☐
29.	Compró algo demasiado grande.	☐	☐	☐
30.	Se ha divorciado hace poco tiempo.	☐	☐	☐

PRUEBA 3
EXPRESIÓN E INTERACCIÓN ESCRITAS

La prueba de **Expresión e interacción escritas** contiene 2 tareas. Duración: 60 minutos. Haga sus tareas en la **Hoja de respuestas**.

TAREA 1

Instrucciones

Usted recibe un mensaje de un amigo español. Léalo y escriba su respuesta (**entre 100 y 120 palabras**). Usted debe:

- saludar;
- hablar sobre su viaje;
- explicar cómo reserva normalmente sus vacaciones;
- comentar algo sobre los planes para otoño;
- despedirse.

Hola, ¿qué tal?

He visto las fotos nuevas que has publicado en Facebook. ¡Vaya viaje os habéis pegado! Parece un lugar muy exótico, ¿qué es? ¿Tailandia? ¿Jamaica? Dime, ¿qué hicisteis por allí? Tienes que contarme cómo lo haces para encontrar siempre esas ofertas tan buenas para viajar barato, tengo envidia cada vez que veo tus fotos. Si organizas algún viaje en otoño avísame y me apunto.

Estamos en contacto, cuídate mucho, un abrazo.

Mariano

TAREA 2

Instrucciones

Elija solo una de las dos opciones que se le ofrecen a continuación y escriba un texto de entre **130 y 150 palabras**:

OPCIÓN 1

Cuéntanos la historia de un viaje famoso en la historia, lleno de aventuras y emociones. ¿Cristóbal Colón? ¿Willy Fog y su vuelta al mundo en 80 días? Puede ser real o inventado. Queremos leer tu relato de lo que sucedió.

Tras leer el anuncio del concurso, escriba un relato y:

- diga cuándo fue el viaje;
- quién y por qué lo hizo;
- qué sucedió durante el viaje;
- cómo acabó la historia.

OPCIÓN 2

Muchas gracias por haber pasado sus vacaciones en nuestro hotel, nos gustaría saber su opinión sobre nuestras instalaciones y el personal del hotel. Por favor, dedique unos minutos a ayudarnos a mejorar.

Deje su opinión en la recepción de un hotel, debe:

- decir cuánto tiempo estuvo en el hotel;
- contar la impresión al entrar en la habitación;
- hablar del trato recibido por parte de los trabajadores;
- dar un consejo para mejorar.

PRUEBA 4
EXPRESIÓN E INTERACCIÓN ORALES

Tiene 15 minutos para preparar las Tareas 1 y 2. Usted puede tomar notas y escribir un esquema de su exposición que podrá consultar durante el examen; en ningún caso podrá limitarse a leer el esquema.

TAREA 1

Instrucciones
Le proponemos dos temas con algunas indicaciones para preparar una exposición oral. Elija uno de ellos. Tendrá que hablar durante **2 o 3 minutos** sobre el tema elegido. El entrevistador no intervendrá en esta parte de la prueba. Diferencie las partes de su exposición (introducción, desarrollo y conclusión final), ordene y relacione bien las ideas y justifique sus opiniones y sentimientos.

OPCIÓN 1

Hable de un lugar al que le gustaría viajar, diga:

- qué lugar es este y dónde está;
- por qué desea viajar allí y qué cosas interesantes tiene;
- con quién desea viajar y qué quieren hacer juntos;
- experiencias de otra persona en el lugar.

OPCIÓN 2

Relate una mala experiencia durante un viaje, mencione:

- dónde estaba usted y qué sucedió;
- con quién estaba y cómo reaccionaron;
- qué intentó hacer para solucionar la situación;
- cuáles fueron las consecuencias del problema.

EJEMPLO DE SOLUCIÓN

33

TAREA 2

Instrucciones
Cuando haya terminado su exposición (Tarea 1), usted deberá mantener una conversación con el entrevistador sobre el mismo tema durante 3 o 4 minutos.

EJEMPLOS DE PREGUNTAS DEL ENTREVISTADOR:

SI ELIGIÓ LA OPCIÓN 1

- De los viajes que ha hecho, ¿cuál ha sido el mejor de todos? ¿Por qué?
- ¿Cómo organiza sus viajes? ¿Compra packs con todo incluido o reserva los billetes y el alojamiento por su cuenta?
- ¿Qué es lo más importante para disfrutar de un viaje?
- ¿Cuál será su próximo viaje?
- ¿Hay algún lugar al que no me recomendaría viajar? ¿Por qué?

SI ELIGIÓ LA OPCIÓN 2

- ¿Qué opina sobre los seguros médicos para los viajes? ¿Suele contratar uno?
- ¿Qué puede pasar si tiene un accidente en un país exótico?
- ¿Toma algunas precauciones antes de viajar a otros países?
- ¿Todas las personas reaccionan igual ante los problemas?
- ¿Volvería a ir a una ciudad en la que le robaron?

EJEMPLO DE SOLUCIÓN

Instrucciones

Le proponemos dos fotografías para esta tarea. Elija una, obsérvela y descríbala. Comente durante 1 o 2 minutos lo que ve en la foto y lo que imagina que está ocurriendo.

Estos son algunos aspectos que puede comentar:

- Las personas: dónde están, cómo son, qué hacen.
- El lugar en el que se encuentran: cómo es.
- Los objetos: qué objetos hay, dónde están, cómo son.
- ¿Qué pasa, en qué piensan o qué tiempo hace?

Posteriormente, el entrevistador le hará algunas preguntas. La duración total de esta tarea es de 2 a 3 minutos.

OPCIÓN 1

EJEMPLOS DE PREGUNTAS DEL ENTREVISTADOR

- ¿Ha estado en algún lugar similar? ¿Qué hizo allí?
- ¿Hay turismo de montaña en su país? ¿Es popular?
- ¿Le gustaría ir al Himalaya? ¿Por qué?
- ¿Le gusta esquiar? ¿Lo hace con frecuencia?

OPCIÓN 2

EJEMPLOS DE PREGUNTAS DEL ENTREVISTADOR

- ¿Conoce algún sitio parecido al de la imagen?
- ¿Cuáles son los medios de transporte que utiliza más? ¿Adónde va con ellos?
- ¿Prefiere vivir en una zona de costa o en el interior del país? ¿Por qué?
- ¿Tiene miedo de navegar, volar o ir en algún transporte? ¿Conoce a alguien que lo tenga?

EJEMPLO DE SOLUCIÓN

Instrucciones

Usted debe dialogar con el entrevistador en una situación simulada durante dos o tres minutos. La situación tiene relación con la imagen elegida en la tarea 3. La duración de esta tarea es de 2 a 3 minutos.

SI ELIGIÓ LA OPCIÓN 1

Usted está paseando por la montaña y se encuentra con una persona que está perdida, queda poco para el anochecer y empieza a hacer frío. Debe intentar ayudar a esta persona en todo lo que pueda.

Durante la conversación usted debe:

- preguntar por el estado de salud de la otra persona;
- dar indicaciones sobre cómo volver al pueblo;
- ofrecer algún alimento o bebida a esta persona;
- proponer alguna medida de seguridad para no perderse la próxima vez que vaya a la montaña.

EJEMPLOS DE PREGUNTAS DEL ENTREVISTADOR

- Perdone, ¿sabe dónde estamos?
- ¿Tiene algo de comer? ¿Y de beber?
- ¿Cómo puedo ir al pueblo?
- ¿Cómo se prepara usted antes de salir a la montaña?

SI ELIGIÓ LA OPCIÓN 2

Usted quiere comprar unos billetes para subir al ferry, pero no tiene dinero en efectivo y no se puede pagar con tarjeta. Al otro lado del río hay un cajero automático.

Durante la conversación usted debe:

- explicar la situación;
- preguntar si puede subir y pagar al finalizar el trayecto;
- explicar los motivos por los que necesita subir al ferry y no puede esperar a otro;
- ofrecer algún objeto suyo como garantía de pago.

EJEMPLOS DE PREGUNTAS DEL ENTREVISTADOR

- Buenos días, son tres euros con cincuenta, ¿necesita cambio?
- ¿Cómo piensa pagar por el trayecto?
- ¿No puede esperar al siguiente ferry?
- ¿Cómo puedo estar seguro de que no va a irse sin pagar?

EJEMPLO DE SOLUCIÓN

VOCABULARIO

Y

MODELO 2

RELACIONES
PERSONALES

VOCABULARIO

¿Conoces estas palabras?

Abuelo	Horario
Novia	Deberes
Conocido	Practicar
Pareja	Invitado
Hijo único	Anfitrión
Gemelos	Anuncio
Vecino	Coleccionar
Socio	Bricolaje
Compañero	Propietario
Cita	Mudanza
Nieto	Bloque de pisos
Sobrina	Gastar
Jefe	Pagar en metálico
Pariente	Impuestos
Familiar	UE
Sano	ONU
Abrazo	Alcalde
Infancia	Provincia
Llevarse bien	Robar
Instituto	Horóscopo

1. Relaciona las siguientes palabras con sus definiciones:

soltero – obediente – maleducado – anciano – sincero – conservador – boda – amistad – contento – vago – beso

1. Ceremonia en la que se celebra la unión matrimonial de dos personas mediante rituales o formalidades legales.

2. Hombre que tiene una edad avanzada y está en el último período de la vida, después de ser adulto.

3. Persona que no respeta las normas de la buena educación o del correcto comportamiento social.

4. Que no está unido en matrimonio a otra persona.

5. Contacto que se hace con los labios sobre una persona o una cosa, en señal de amor, afecto, deseo, saludo, respeto, etc.

6. Persona partidaria de mantener los valores políticos, sociales y morales tradicionales que se opone a reformas o cambios radicales en la sociedad.

7. Persona que habla y actúa según lo que piensa realmente, sin mentir ni fingir.

8. Persona que está alegre, feliz y satisfecha.

9. Relación de afecto, simpatía y confianza que se establece entre personas que no son familia.

10. Persona que hace lo que otros le dicen que debe hacer, sin quejarse ni poner problemas.

11. Persona perezosa y poco trabajadora, que no tiene ganas de hacer ningún esfuerzo por nada.

2. Usa los verbos en las siguientes frases (conjugados adecuadamente).

crecer – adoptar – discutir – romper – caer – abrazar – ligar – cumplir – envolver – hacer

1. Marta no estaba bien con su novio, por eso ha decidido .... con él y terminar la relación.

2. Ayer compramos un regalo para mi hermana, Marta lo .... con un papel azul precioso.

3. El pasado diez de marzo, Alberto .... dieciocho años, lo celebró con una fiesta en su casa.

4. Mis tíos no podían tener hijos, por eso decidieron .... a una niña que no tenía padres, ella es mi prima Alicia.

5. No me gusta que mis padres .... por tonterías, están todo el tiempo diciéndose el uno al otro las cosas malas que hacen.

6. Ahora tengo seis años, pero cuando .... y sea mayor, tendré mi propio negocio.

7. Cuando era joven salía mucho de fiesta, siempre conocía chicas nuevas y .... mucho, tenía una novia nueva cada pocos meses.

8. Me .... muy bien la hija de tu amiga Leonor, es muy simpática. Puedes decirle que se venga a tomar algo con nosotras cuando quiera.

9. Esta tarde va a venir el jefe del papá a nuestra casa, recuerda que tienes que portarte muy bien, no seas malo y no .... ninguna tontería.

10. Cuando era pequeña, iba mucho a casa de mis abuelos, cuando mi abuela me veía, siempre me .... muy fuertemente y me daba muchos besos.

MODELO 2 HOJA DE RESPUESTAS

Prueba 1. Comprensión de lectura

Tarea 1

1 A☐ B☐ C☐ D☐ E☐ F☐ G☐ H☐ I☐
2 A☐ B☐ C☐ D☐ E☐ F☐ G☐ H☐ I☐
3 A☐ B☐ C☐ D☐ E☐ F☐ G☐ H☐ I☐
4 A☐ B☐ C☐ D☐ E☐ F☐ G☐ H☐ I☐
5 A☐ B☐ C☐ D☐ E☐ F☐ G☐ H☐ I☐
6 A☐ B☐ C☐ D☐ E☐ F☐ G☐ H☐ I☐

Tarea 2

7 A☐ B☐ C☐
8 A☐ B☐ C☐
9 A☐ B☐ C☐
10 A☐ B☐ C☐
11 A☐ B☐ C☐
12 A☐ B☐ C☐

Tarea 3

13 A☐ B☐ C☐
14 A☐ B☐ C☐
15 A☐ B☐ C☐
16 A☐ B☐ C☐
17 A☐ B☐ C☐
18 A☐ B☐ C☐

Tarea 4

19 A☐ B☐ C☐ D☐ E☐ F☐ G☐ H☐
20 A☐ B☐ C☐ D☐ E☐ F☐ G☐ H☐
21 A☐ B☐ C☐ D☐ E☐ F☐ G☐ H☐
22 A☐ B☐ C☐ D☐ E☐ F☐ G☐ H☐
23 A☐ B☐ C☐ D☐ E☐ F☐ G☐ H☐
24 A☐ B☐ C☐ D☐ E☐ F☐ G☐ H☐

Tarea 5

25 A☐ B☐ C☐
26 A☐ B☐ C☐
27 A☐ B☐ C☐
28 A☐ B☐ C☐
29 A☐ B☐ C☐
30 A☐ B☐ C☐

Prueba 2. Comprensión auditiva

Tarea 1

1 A☐ B☐ C☐
2 A☐ B☐ C☐
3 A☐ B☐ C☐
4 A☐ B☐ C☐
5 A☐ B☐ C☐
6 A☐ B☐ C☐

Tarea 2

7 A☐ B☐ C☐
8 A☐ B☐ C☐
9 A☐ B☐ C☐
10 A☐ B☐ C☐
11 A☐ B☐ C☐
12 A☐ B☐ C☐

Tarea 3

13 A☐ B☐ C☐
14 A☐ B☐ C☐
15 A☐ B☐ C☐
16 A☐ B☐ C☐
17 A☐ B☐ C☐
18 A☐ B☐ C☐

Tarea 4

19 A☐ B☐ C☐ D☐ E☐ F☐ G☐ H☐ I☐
20 A☐ B☐ C☐ D☐ E☐ F☐ G☐ H☐ I☐
21 A☐ B☐ C☐ D☐ E☐ F☐ G☐ H☐ I☐
22 A☐ B☐ C☐ D☐ E☐ F☐ G☐ H☐ I☐
23 A☐ B☐ C☐ D☐ E☐ F☐ G☐ H☐ I☐
24 A☐ B☐ C☐ D☐ E☐ F☐ G☐ H☐ I☐

Tarea 5

25 A☐ B☐ C☐
26 A☐ B☐ C☐
27 A☐ B☐ C☐
28 A☐ B☐ C☐
29 A☐ B☐ C☐
30 A☐ B☐ C☐

PRUEBA 1
COMPRENSIÓN DE LECTURA

La prueba de **Comprensión de lectura** contiene cinco tareas. Usted debe responder a 30 preguntas. Duración: 70 minutos. Marque sus opciones únicamente en la **Hoja de respuestas**.

TAREA 1

Instrucciones
Usted va a leer seis textos en los que unas personas hablan sobre su vida y diez textos con mensajes que estas personas han recibido. Relacione a las personas (1-6) con los textos que informan sobre los mensajes (A-I). HAY TRES TEXTOS QUE NO DEBE RELACIONAR. Marque las opciones elegidas en la **Hoja de respuestas**.

	PERSONA	TEXTO
1	Lucía	
2	Mariano	
3	Ágata	
4	Iván	
5	Juan	
6	Clara	

1. Lucía: No podemos tener hijos, parece que es un problema genético. Ayer mi marido me dio una idea genial, vamos a acoger y ayudar a un pobre niño que no tiene familia.

2. Mariano: El próximo mes es el cumpleaños de mi novia, ella tiene muy claro lo que quiere, joyas. No sé cómo voy a encontrar algo que le guste, es una chica muy específica.

3. Ágata: Ayer me llamó un chico rarísimo, creo que quería ligar conmigo, pero sonaba tan ridículo que no pude parar de reírme.

4. Iván: Mi primo me llama todos los días, quiere que colabore con el proyecto de una ONG. Se trata de ayudar a los países pobres afectados por un devastador terremoto.

5. Juan: La situación ya era insoportable, me acaban de comunicar que estamos en huelga hasta que nos mejoren las condiciones. Pienso que será lo mejor para mi familia.

6. Clara: Tengo muy malas noticias, nos han robado todo lo que teníamos. No sé qué voy a hacer. ¿Por qué hay gente tan mala en el mundo?

TEXTOS

A. Mensaje:
Me ha dicho tu madre que no te encuentras muy bien, tú no te preocupes por nada, yo me encargo de recoger a los niños del colegio y de llevar a Marcos al entrenamiento de fútbol. Nos vemos esta noche.

B. Mensaje:
Hola mi amor, ¿recuerdas los pendientes de los que te hablé el otro día? Pues ahora están de oferta. Y también he visto una pulsera preciosa que me encanta. ¿Y qué piensas sobre un anillo o un collar? De oro, claro.

C. Mensaje:
La primera vez que lo vi supe que ese chico estaba hecho para mí, es tan dulce y cariñoso que me tiene enamorada. En la primera cita me regaló unas entradas para ir al concierto de mi cantante preferido. ¿Crees que estamos yendo demasiado rápido?

D. Mensaje:
Hola, cariño. Tal y como está la situación creo que deberíamos adoptar a un bebé. Sé que la ilusión de tu vida es que formemos una familia feliz y… ¿qué mejor forma de ser felices que adoptando a una pobre criatura con problemas a la que le podemos dar una vida mejor?

E. Mensaje:
Imagino que ya te habrás enterado, pero si no te lo digo yo. A partir de mañana nadie va a ir a trabajar. No ganaremos dinero, pero eso hará pensar a los jefes. Creo que van a cambiar muchas cosas. ¡Ánimo! Juntos lo conseguiremos.

F. Mensaje:
Acaban de llamarme de la comisaría de policía. Esta noche unos ladrones han entrado por la ventana del baño y se han llevado un montón de cosas, no han dejado ni los espejos, se han llevado hasta el horno que estaba estropeado.

G. Mensaje:
Hola, soy yo de nuevo. ¿Te has pensado ya lo del voluntariado? Antes de darme una respuesta quiero que tengas en cuenta que en el Tercer Mundo la gente no ha tenido las mismas vidas que nosotros. Se merecen una oportunidad.

H. Mensaje:
Los abuelos van a estar fuera una temporada, por eso, lo mejor será que nos organicemos para ir a su casa y regar las plantas. También tendremos que ponerle comida a los peces una vez al día y limpiar antes de que vuelvan.

I. Mensaje:
Hola guapa, tú no me conoces, pero yo te sigo todos los días cuando vas al trabajo. ¿Te han dicho alguna vez que tienes unos ojos preciosos? Si no tienes planes para mañana puedo invitarte a la montaña rusa.

TAREA 2

La familia real española vive unas vacaciones atípicas

La familia real española vivirá este año unas atípicas vacaciones veraniegas en Marivent, su residencia de verano desde hace medio siglo en la isla mediterránea de Mallorca, convertida ahora en la casa de la reina Sofía tras la decisión del antiguo rey, Juan Carlos I, de trasladarse a vivir a otro país por las noticias sobre su posible corrupción

A este palacio llegan este fin de semana los actuales reyes, Felipe VI y Letizia, para pasar unos días junto a sus dos hijas, Leonor y Sofía, en medio de la expectación por saber dónde está Juan Carlos, padre de Felipe VI, que abandonó España el pasado domingo.

Allí se encontrarán con la anterior reina, que quiere estar lejos de las noticias. El miércoles fue por primera vez de compras por las calles de Palma, la capital de las Islas Baleares.

El palacio de Marivent no es propiedad de la familia real española, sino que pertenece a la Comunidad Autónoma de las Islas Baleares, que lo cedió en 1973 a los entonces príncipes Juan Carlos y Sofía. La escalera de la entrada principal del edificio ha visto como cada verano iban menos miembros de la familia real. Los antiguos reyes pasaron allí sus años dorados y allí vieron cómo la familia aumentaba con los matrimonios de sus hijas y la llegada de los primeros nietos.

La fotografía tradicional que antes era símbolo de la unidad familiar fue escenario después de las crisis internas, la primera con el divorcio de la infanta Elena y Jaime de Marichalar, y después con el polémico juicio y entrada en prisión de Iñaki Urdangarin, marido de la infanta Cristina, envuelto en un caso de corrupción. Los jardines del palacio fueron también un lugar importante en el noviazgo de Felipe VI y Letizia.

Durante ese medio siglo la familia real ha estado acompañada también durante sus vacaciones por personajes ilustres como el príncipe Carlos y Diana de Gales, los emperadores de Japón Akihito y Michiko, Bill y Hillary Clinton, Mijail Gorbachov, Hugo Chávez y Michele Obama.

La pandemia del coronavirus ha obligado a suspender el tradicional encuentro con personas importantes de Mallorca, el rey solo tendrá una reunión con el presidente del gobierno, Pedro Sánchez. Tampoco se celebrará la Copa del Rey de vela, en la que cada año participaban Juan Carlos I y Felipe VI.

Este año, Felipe VI y Letizia han realizado un recorrido por otras islas del archipiélago (Ibiza, Formentera y Menorca), una forma de dar su apoyo al turismo, un sector fundamental que ha sido castigado por el virus.

Finalizada su estancia en Mallorca, los reyes y sus hijas regresarán a Madrid donde pasarán el resto del verano, ya que no planean disfrutar de unos días de vacaciones privadas sin destino conocido públicamente tal y como ocurría otros años.

Adaptado de: www.elpais.com.uy

PREGUNTAS

7. Según el texto…
a) el rey Juan Carlos se reunirá con su familia en Mallorca.
b) los actuales reyes van a viajar en velero.
c) el palacio de verano de los reyes está en Mallorca.

8. Juan Carlos…
a) está en el extranjero.
b) tiene dos hijas, Leonor y Sofía.
c) es el actual rey de España.

9. La anterior reina…
a) abandonó España el domingo.
b) va a viajar desde Madrid con toda la familia.
c) fue a unas tiendas el pasado miércoles.

10. El palacio de Marivent…
a) ha recibido visitantes importantes de otros países en los últimos años.
b) es el lugar donde vive el presidente del gobierno, Pedro Sánchez.
c) no tiene jardín.

11. Este año…
a) se celebrará la tradicional reunión con personalidades de Mallorca.
b) se han cancelado algunos eventos.
c) los reyes participarán en la copa del Rey de vela.

12. Después del viaje, los reyes…
a) tendrán unas vacaciones privadas.
b) volverán a Madrid.
c) viajarán al extranjero para encontrarse con Juan Carlos.

TAREA 3

Instrucciones

Usted va a leer tres textos en los que unas personas nos hablan de sus relaciones de pareja. Relacione las preguntas (13-18) con los textos (A, B o C). Marque las opciones elegidas en la **Hoja de respuestas**.

		A. EVA	B. BOB	C. ELI
13.	¿Qué persona dice que no soporta que su pareja tome demasiado alcohol?			
14.	¿Quién pensaba que la relación con su pareja no iba a funcionar?			
15.	¿Quién dice que su pareja toma demasiados dulces?			
16.	¿Quién ha confiado en lo que le ha dicho el casero?			
17.	¿Quién asegura que el sentido del humor es muy importante en su relación?			
18.	¿Quién dice que se enfada cuando su pareja toma mucho embutido?			

TEXTOS

A. EVA

Llevo ya cinco años con mi novio, a pesar de que al principio de la relación yo era un poco pesimista al pensar sobre nuestro futuro, ahora nos va genial, apenas discutimos y siempre lo pasamos muy bien. ¿Que cuál es el secreto? Pues bromear constantemente y reírnos de todo lo que nos pasa, a los dos nos encanta contar chistes a cualquier hora del día.

Lo que me enfada muchísimo de él es que a veces salga a "tomar una copa" con sus amigos de la infancia y acabe volviendo a las tantas de la noche borrachísimo sin apenas mantener el equilibrio, el día siguiente tiene una resaca horrible. Por suerte, esto no sucede con demasiada frecuencia.

B. BOB

Mi novia y yo nos conocemos desde el instituto y estamos juntos ya más de diez años, sin embargo apenas llevamos unos meses viviendo juntos. No soporto los olores fuertes y a mi chica le encanta desayunar chorizo, lomo y salchichón de su pueblo. Me pongo de muy mal humor cuando hace esto, especialmente porque no se lava los dientes hasta dos o tres horas después.

Ella es directora de recursos humanos de una gran empresa y casi nunca tiene tiempo libre para mí, estoy muy orgulloso de su carrera profesional, pero me gustaría que pasara más tiempo en casa.

C. ELI

Marcos y yo empezamos una relación a distancia, yo estaba estudiando fuera del país con una beca de la universidad y él contactó conmigo en un chat, poco a poco, surgió el amor. Yo soy una persona muy sana que se preocupa por la dieta, Marcos es todo lo contrario, un adicto a las magdalenas y los bizcochos, odio esta característica suya, pero bueno, nadie es perfecto.

Ahora hemos decidido dar un paso adelante en nuestra vida y nos vamos a mudar a un pequeño estudio que hemos alquilado en Madrid. No lo hemos visto en persona, pero el propietario nos ha garantizado que está en buen estado.

Instrucciones

Lea el siguiente texto, del que se han extraído seis fragmentos. A continuación, lea los ocho fragmentos propuestos (A-H) y decida en qué lugar del texto (19-24) hay que colocar cada uno de ellos. HAY DOS FRAGMENTOS QUE NO TIENE QUE ELEGIR. Marque las opciones elegidas en la **Hoja de respuestas**.

Cómo criar hijos felices

Los padres somos los responsables de cuidar y dar a nuestros hijos todo lo que necesitan para su desarrollo, desde su salud física hasta educación emocional. Es bien sabido que los primeros años de vida serán la base para su desarrollo social y emocional en el futuro, por lo que es sumamente importante asegurarnos de que estemos dándoles las herramientas necesarias. ....(19)..............

El ambiente en el que se desarrollan los niños influye no sólo en su desarrollo emocional, ...(20).............. Diversos estudios han concluido que crecer en un ambiente conflictivo o de violencia hace que aumenten las probabilidades de tener problemas en la escuela o de caer en conductas de riesgo, como el alcohol y las drogas. Recordemos que el entorno en el que crezcan los niños también influirá en las relaciones que tengan con otras personas, por lo que es importante que se desarrollen en un ambiente de respeto y cariño, ...(21).............., independientemente de si los padres están juntos o separados.

Debemos reconocer sus esfuerzos, ¿premiamos solo cuando hacen algo bien o elogiamos también sus esfuerzos? ....(22).............., podríamos hacer sin quererlo que cuando fallen les resulte difícil manejar la frustración. En lugar de solo remarcar sus errores, debemos elogiar también sus esfuerzos, para que así continúen intentándolo y vayan poco a poco aumentando su confianza en ellos mismos.

Hay que tener límites y ser constantes. Contrario a lo que algunas personas creen, la crianza con cariño o respetuosa no es equivalente a eliminar límites y dejar que los niños hagan lo que quieran. ....(23)..............

 A la escuela le corresponde la educación académica, a los padres la educación emocional. Trabajar en ella desde que son bebés y ayudarles a gestionar sus emociones cuando son mayores, es algo fundamental para su sano desarrollo y su felicidad.

Y finalmente, pero no menos importante: nuestra salud mental y emocional. ....(24).............. Siendo madres y padres es fácil olvidarnos de nosotros mismos, pero si no nos encontramos bien emocionalmente, no podremos transmitir ese bienestar a nuestros hijos.

Adaptado de: www.bebesymas.com

FRAGMENTOS

A. Hacerlo de ese modo solo resultaría en niños desorientados e inseguros, porque nunca nadie les dijo hasta dónde podían llegar

B. sino también, en los posibles problemas a los que se pueda enfrentar en un futuro

C. si se da el caso, son precisamente sus maestros quienes deben guiarles por este camino

D. donde los conflictos familiares se resuelvan de la manera más amigable y pacífica posible

E. Por ello, hoy hablamos acerca de cómo criar hijos felices y te compartimos las claves para una crianza positiva

F. ¿Cómo pretendemos educar niños felices y seguros si nosotros mismos no cuidamos esos aspectos de nuestra vida?

G. para ella, tener un hijo sin llegar a ser mayor de edad puede suponer un trauma irreparable

H. Parece una pregunta sencilla, pero la respuesta es más importante de lo que pensamos

TAREA 5

REUNIÓN DE VECINOS

El próximo viernes 23 de enero tendrá lugar .....25..... reunión anual de la comunidad de vecinos de la calle Velarde n°23. Debatiremos sobre las plazas de aparcamiento y trataremos de alcanzar un acuerdo que a todos nos satisfaga. En cuanto al .....26..... de las antenas, pedimos a los representantes de cada vivienda que .....27..... antes del viernes a qué operador de Internet desean conectarse.

En la reunión trataremos de aclarar .....28..... pasó el pasado mes de septiembre en la piscina y quiénes fueron los responsables de la rotura de la ducha. Necesitamos que todo el mundo .....29..... para poder solucionar esta situación sin tener que llegar a los tribunales.

La reunión tendrá lugar en el garaje a las 20:00, que cada vecino baje una silla y así todos .....30..... sentarnos. Por favor, esperad a hacer las preguntas al turno de preguntas y evitad las discusiones que estén fuera de lugar, no queremos que se alargue demasiado.

Opciones

25. a) el   b) la   c) al

26. a) tema   b) cosa   c) ayuda

27. a) dinos   b) decidirían   c) decidan

28. a) qué   b) cuál   c) dónde

29. a) colabora   b) colaboró   c) colabore

30. a) podremos   b) pondremos   c) ponemos

PRUEBA 2
COMPRENSIÓN AUDITIVA

La prueba de **Comprensión auditiva** contiene cinco tareas. Debe responder a 30 preguntas. Duración: 40 minutos.

Marque sus opciones en la **Hoja de respuestas**.

Los audios se encuentran en el vídeo de YouTube: "Prueba de Comprensión Auditiva NUEVO DELE B1"

TAREA 1
Audio en vídeo de YouTube (11:57)

Instrucciones

Usted va a escuchar seis mensajes. Escuche cada mensaje dos veces. Después debe contestar a las preguntas (1-6). Seleccione la opción correcta (a / b / c). Marque las opciones elegidas en la **Hoja de respuestas**. Tiene 30 segundos para leer las preguntas.

PREGUNTAS

Mensaje 1

1. ¿A qué se dedica la persona que habla?
a) Es un entrenador.
b) Es un locutor.
c) Es un ingeniero.

Mensaje 2

2. ¿Qué pasa?
a) El programa no funciona bien y hay que repararlo.
b) El archivo está infectado con un virus.
c) La persona no puede adjuntar un documento al correo electrónico.

Mensaje 3

3. ¿De qué habla esta persona?
a) De que una persona ha matado a otra en un bar.
b) De que los médicos se retrasaron como siempre.
c) De que la comida del bar provocó una discusión.

Mensaje 4

4. ¿De qué habla el anuncio?
a) De una escuela.
b) De un banco.
c) De excursiones para jóvenes.

Mensaje 5

5. ¿Qué no puede comer el hijo?
a) Verduras.
b) Carne.
c) Pescado.

Mensaje 6

6. ¿De qué está hablando?
a) De una lista de la compra.
b) Del menú de un restaurante.
c) De una receta.

Audio en vídeo de YouTube (14:24)

Instrucciones

Usted va a escuchar una audición dos veces. Después debe contestar a las preguntas (7-12). Seleccione la respuesta correcta (a / b / c). Marque las opciones elegidas en la **Hoja de respuestas**. Tiene 30 segundos para leer las preguntas.

PREGUNTAS

7. Natalia dice que…
a) sus hijas van a la escuela donde ella trabaja.
b) trabaja en el extranjero.
c) no se aburre en el trabajo.

8. ¿Con quién está casada Natalia?
a) Con un hombre de Estados Unidos.
b) Con un deportista.
c) Con alguien que conoció hace poco tiempo.

9. Natalia comenta que…
a) han pagado la casa sin la ayuda del banco.
b) ahora vive en la casa de los padres de su marido.
c) le encanta vivir en una casa de alquiler.

10. Natalia…
a) tiene problemas con su rodilla.
b) desde pequeña ha querido tener un seguro médico privado.
c) piensa que en este momento tener un seguro médico podría ser bueno para su familia.

11. El marido de Natalia…
a) siempre quiere ganar.
b) es mejor que ella jugando al parchís.
c) nunca quiere jugar con los vecinos.

12. A Natalia…
a) le encanta escuchar las noticias en otras lenguas.
b) le gusta mantenerse bien informada.
c) le parece crítica la situación política actual, especialmente en su ciudad.

TAREA 3

Audio en vídeo de YouTube (17:30)

Instrucciones

Usted va a escuchar seis noticias en un programa. Escuche el programa dos veces. Después debe contestar a las preguntas (13-18). Seleccione la respuesta correcta (a / b / c). Marque las opciones elegidas en la **Hoja de respuestas**. Tiene 30 segundos para leer las preguntas.

PREGUNTAS

Noticia 1

13. ¿Por qué se ha separado la pareja?

a) Porque no podían tener hijos.

b) Por lo que han comentado sus conocidos.

c) Porque la mujer pensaba que el marido era gay.

Noticia 2

14. La reina...

a) es una persona mayor.

b) concedió una entrevista a una revista de moda.

c) antes era periodista.

Noticia 3

15. El tenista...

a) tuvo un problema en su cuello.

b) tuvo un problema en un pie .

c) tuvo un problema en un brazo .

Noticia 4

16. ¿Qué le ha sucedido a Max Guerrero?

a) Le ha tocado la lotería.

b) Ha perdido su boleto de lotería.

c) Ha gastado todo el dinero que ganó en la lotería.

Noticia 5

17. Manuel Santos...

a) está casado con Cristina Robles.

b) avisó a Cristina de que no podría ir al evento.

c) tiene otra pareja secreta.

Noticia 6

18. Iñaki López...

a) va a ser juez.

b) es el actual alcalde de Valencia.

c) va a ir a la cárcel.

TAREA 4
Audio en vídeo de YouTube (20:40)

Instrucciones

Usted va a escuchar a seis personas que cuentan anécdotas. Escuche cada audio dos veces. Seleccione el enunciado (A-I) que corresponde a cada mensaje (del 19 al 24). Hay nueve opciones. Seleccione seis. Marque las opciones elegidas en la **Hoja de respuestas**. Tiene 20 segundos para leer los enunciados.

ENUNCIADOS

A.	Habla de una persona muy traviesa.
B.	Habla de alguien que le engañó.
C.	Habla de un amigo de la infancia.
D.	Habla de un familiar que está muerto.
E.	Habla de alguien que se muda.
F.	Habla de una persona sincera.
G.	Habla de una persona que se asusta mucho.
H.	Habla de alguien vago.
I.	Habla de un amigo que no quiere estudiar.

	PERSONAS	ENUNCIADOS
19.	Persona 1	
20.	Persona 2	
21.	Persona 3	
22.	Persona 4	
23.	Persona 5	
24.	Persona 6	

TAREA 5

Audio en vídeo de YouTube (23:32)

Instrucciones

Usted va a escuchar una conversación entre dos amigos. Indique si los enunciados (25-30) se refieren a Juan (A), a Eli (B) o a ninguno de los dos (C). Escuche la conversación dos veces. Marque las opciones elegidas en la **Hoja de respuestas**.

Tiene 25 segundos para leer los enunciados

		A. **JUAN**	**B.** **ELI**	**C.** **NINGUNO**
25.	Tiene molestias en uno de sus brazos.	☐	☐	☐
26.	Toma muchas medicinas cuando tiene la regla.	☐	☐	☐
27.	Le cae muy mal Alicia.	☐	☐	☐
28.	Va a comer carne.	☐	☐	☐
29.	No le gusta leer libros.	☐	☐	☐
30.	Quiere ir a ver a la otra persona.	☐	☐	☐

PRUEBA 3
EXPRESIÓN E INTERACCIÓN ESCRITAS

La prueba de **Expresión e interacción escritas** contiene 2 tareas. Duración: 60 minutos. Haga sus tareas en la **Hoja de respuestas**.

TAREA 1

Instrucciones

Usted lee un mensaje de alguien que tiene dudas en un foro sobre cuidar bebés. Léalo y escriba su respuesta en el foro (**entre 100 y 120 palabras**). Usted debe:

- saludar;
- contestar a sus preguntas;
- hablar de la experiencia personal;
- dar un consejo;
- despedirse.

Por favor, necesitamos vuestra ayuda. Mi marido y yo estamos muy preocupados porque nuestro hijo de tres meses todavía no habla, ¿esto es normal? Creo que puede ser por la alimentación, de momento solamente toma leche materna, ¿deberíamos darle algo más?

¿Cuáles son vuestras experiencias con bebés de esta edad? Si tenéis algún consejo para nosotros, por favor, dádnoslo, estamos muy perdidos en este tema. No sabíamos que criar hijos era tan difícil. Saludos,

Ana y Pablo

TAREA 2

OPCIÓN 1

El tema para las discusiones de esta semana es "La amistad". Dinos cómo es tu relación con tu mejor amigo/a. Cuéntanos cómo os conocisteis y qué cosas hacéis juntos. Queremos leer todas vuestras historias, porque la amistad es lo más importante que hay en la vida.

Tras leer el mensaje de esta web, escriba su comentario y:

- diga cómo y cuándo conoció a su amigo/a;
- mencione algunas actividades que hacen;
- hable de sus gustos.

OPCIÓN 2

¿Qué opináis sobre lo que ha dicho el presidente del gobierno? Las familias van a recibir 200 € al mes por cada hijo que tengan hasta que los niños cumplan 18 años. ¿Creéis que es una buena idea? ¿Por qué?

Un amigo ha lanzado una pregunta en las redes sociales, responda, usted debe:

- decir su opinión sobre el tema;
- explicar los motivos por los que piensa así;
- imaginar cómo será el futuro con esta nueva ayuda del gobierno para las familias.

PRUEBA 4
EXPRESIÓN E INTERACCIÓN ORALES

Tiene 15 minutos para preparar las Tareas 1 y 2. Usted puede tomar notas y escribir un esquema de su exposición que podrá consultar durante el examen; en ningún caso podrá limitarse a leer el esquema.

TAREA 1

Instrucciones
Le proponemos dos temas con algunas indicaciones para preparar una exposición oral. Elija uno de ellos. Tendrá que hablar durante **2 o 3 minutos** sobre el tema elegido. El entrevistador no intervendrá en esta parte de la prueba. Diferencie las partes de su exposición (introducción, desarrollo y conclusión final), ordene y relacione bien las ideas y justifique sus opiniones y sentimientos.

OPCIÓN 1

Hable de su juventud, diga:

- qué le gustaba hacer y con quién;
- qué planes y sueños tenía para el futuro;
- qué cosas han cambiado en su vida;
- qué cambiaría de su pasado.

OPCIÓN 2

Hable sobre la boda de un conocido suyo, comente:

- cuándo y dónde fue;
- quiénes estaban allí y qué hicieron;
- algo que le contó otra persona que estaba allí;
- su opinión sobre la boda.

EJEMPLO DE
SOLUCIÓN

TAREA 2

Instrucciones

Cuando haya terminado su exposición (Tarea 1), usted deberá mantener una conversación con el entrevistador sobre el mismo tema durante 3 o 4 minutos.

EJEMPLOS DE PREGUNTAS DEL ENTREVISTADOR:

SI ELIGIÓ LA OPCIÓN 1

- ¿Cambió usted alguna vez de escuela? ¿Por qué?
- ¿Cómo era el barrio donde creció? ¿Qué cosas tenía cerca de su casa?
- ¿Qué es lo que más le gustaba de ser un niño? ¿Y lo que menos?
- ¿Cómo era su relación con sus amigos? ¿Sigue teniendo contacto con ellos?
- ¿Cómo era su mejor amigo/a?

SI ELIGIÓ LA OPCIÓN 2

- ¿Usted se ha casado o está pensando hacerlo?
- ¿Cómo organizó su boda o cómo lo haría?
- ¿Piensa que es importante para una pareja casarse?
- ¿Cuántos años deben conocerse dos personas antes de casarse? ¿Por qué?
- ¿Cree que las personas deberían vivir juntos algún tiempo antes de casarse? ¿Por qué?

EJEMPLO DE SOLUCIÓN

Instrucciones

Le proponemos dos fotografías para esta tarea. Elija una, obsérvela y descríbala. Comente durante 1 o 2 minutos lo que ve en la foto y lo que imagina que está ocurriendo.

Estos son algunos aspectos que puede comentar:

- Las personas: dónde están, cómo son, qué hacen.
- El lugar en el que se encuentran: cómo es.
- Los objetos: qué objetos hay, dónde están, cómo son.
- Qué relación cree que existe entre las personas.
- ¿Qué pasa, qué piensan o de qué hablan?

Posteriormente, el entrevistador le hará algunas preguntas. La duración total de esta tarea es de 2 a 3 minutos.

OPCIÓN 1

EJEMPLOS DE PREGUNTAS DEL ENTREVISTADOR

- ¿Cómo suele pasar usted las fiestas de Navidad?
- ¿Qué tipo de regalos le gusta recibir?
- ¿Cómo son sus familiares? ¿Qué les gusta hacer?

EJEMPLOS DE PREGUNTAS DEL ENTREVISTADOR

- ¿Se celebra alguna fiesta religiosa para los niños en su país? ¿Cómo es?
- ¿Usted utiliza ropa especial para los rituales religiosos?
- ¿En su ciudad hay monumentos o templos que los turistas visitan? ¿Cómo son?
- ¿Se suelen hacer regalos a los niños en las fiestas religiosas de su país? ¿Qué tipo de regalos?

EJEMPLO DE SOLUCIÓN

Instrucciones

Usted debe dialogar con el entrevistador en una situación simulada durante dos o tres minutos. La situación tiene relación con la imagen elegida en la tarea 3. La duración de esta tarea es de 2 a 3 minutos.

SI ELIGIÓ LA OPCIÓN 1

Se acercan las fiestas de Navidad y usted discute con un familiar sobre qué regalos serían los mejores para los hijos de su primo.

Durante la conversación usted debe:

- hablar sobre la edad y los gustos de los niños;
- decir los juguetes que, en su opinión, son más educativos para niños de esa edad y por qué;
- dar algún ejemplo de mal regalo para niños;
- proponer algún lugar donde comprar los regalos.

EJEMPLOS DE PREGUNTAS DEL ENTREVISTADOR

- ¿Has pensado ya en qué comprar?
- ¿Qué juguetes te parecen que pueden tener una mala influencia en los niños?
- ¿Alguna vez has comprado algún regalo y luego te diste cuenta de que no era bueno?
- ¿Dónde podríamos comprar estos regalos? ¿Por qué?

SI ELIGIÓ LA OPCIÓN 2

Usted compró un traje para su hijo, él lo iba a utilizar en una importante celebración, sin embargo, usted se ha dado cuenta de que el traje tiene varios defectos. Haga una reclamación en la tienda.

Durante la conversación usted debe:

- explicar por qué necesita que esto se solucione rápidamente;
- hablar sobre los problemas del traje;
- dejar claro qué es lo que quiere;
- proponer alguna solución alternativa.

EJEMPLOS DE PREGUNTAS DEL ENTREVISTADOR

- Buenos días, ¿qué problema tiene?
- ¿Cómo piensa que podríamos solucionarlo?
- En estos momentos tenemos mucho trabajo. ¿Es muy urgente este asunto?
- ¿Ha tenido alguna vez este problema en otra tienda? ¿Cómo lo solucionaron?

EJEMPLO DE SOLUCIÓN

VOCABULARIO

Y

MODELO 3

SALUD, CUERPO Y ASPECTO

VOCABULARIO

¿Conoces estas palabras?

Fiebre	Cáncer
Tos	Corte
Alergia	Herida
Estómago	Oculista
Espalda	Psicólogo
Cabeza	Paciente
Oído	Sangre
Muela	Orina
Garganta	Análisis
Músculo	Pastilla
Hueso	Vacuna
Cuello	Jabón
Hombros	Cepillo
Pecho	Peine
Cintura	Mirada
Barriga	Parecerse a
Rodilla	Régimen
Tobillo	Diarrea
Codo	Resfriado
SIDA	Mareado

1. Relaciona las siguientes palabras con sus definiciones:

sano – pulmón – embarazada – muñeca – tirita – baja – estresado – seguro – cirujano – clínica – algodón

1. Fibra natural que se utiliza para producir ropa o en la industria farmacéutica para hacer una esponja limpia y esterilizada de color blanco, empleada en usos médicos e higiénicos.

2. Médico especializado en realizar operaciones en un quirófano.

3. Órgano encargado de la respiración de los animales vertebrados, en el hombre son dos, uno al lado del otro.

4. Contrato por el cual una compañía, a cambio del pago de una cuota, se compromete a pagar una cantidad de dinero en caso de que se produzca determinado daño o perjuicio (robo, pérdida, muerte, accidente, etc.).

5. Mujer que espera a un hijo, está preñada.

6. Tira adhesiva por una cara, en cuyo centro tiene una gasa esterilizada que se pone sobre heridas pequeñas para protegerlas.

7. Lugar destinado a proporcionar asistencia o tratamiento médico a determinadas enfermedades.

8. Que no tiene ninguna lesión ni padece ninguna enfermedad y ejerce con normalidad todas sus funciones.

9. Parte del brazo humano donde la mano se une con el antebrazo.

10. Que sufre psíquicamente por hacer con su cuerpo esfuerzos superiores a lo normal o por un ritmo de vida acelerado.

11. Dejar de realizar una persona su actividad laboral habitual, a causa de una enfermedad o un daño físico.

2. Usa los verbos en las siguientes frases (conjugados adecuadamente).

quemarse – cuidar – tomar – engordar – afeitarse – curar – estar – adelgazar – darse – respirar

1. Hace unos años, Eva estaba bastante gorda, pero empezó con una dieta y .... bastante, perdió 20 kilos.

2. Tienes la barba demasiado larga, no me gusta, quiero que ...., ahí tienes la espuma y la maquinilla.

3. Nunca se ponía protector solar y cada vez que iba a la playa y tomaba el sol .... la piel, luego le dolía muchísimo.

4. Te tienes que .... estas pastillas tres veces al día durante un mes, lo ha dicho la doctora.

5. Si sigues sin hacer deporte y tomando tantos donuts .... mucho, tienes que cuidarte más.

6. Alba va a tener un bebé el próximo mes, por eso .... de baja y no puede venir a trabajar.

7. Ayer iba andando por la calle, estaba mirando mi teléfono móvil y no vi una señal de tráfico que estaba en mi camino, ... un golpe muy fuerte en la cabeza.

8. Escúchame bien, estás muy nervioso, quiero que te relajes y que .... profundamente, necesitas un poco de oxígeno.

9. Ella tenía una enfermedad muy contagiosa, pero después de pasar unas semanas en el hospital se ...., ya puedes visitarla, nosotros estuvimos ayer en su casa.

10. Necesito que .... de tu abuela, está en la cama y no se puede mover. Prepárale cada día la comida y lávala por las noches.

MODELO 3 HOJA DE RESPUESTAS

Prueba 1. Comprensión de lectura

Tarea 1

1 A☐ B☐ C☐ D☐ E☐ F☐ G☐ H☐ I☐
2 A☐ B☐ C☐ D☐ E☐ F☐ G☐ H☐ I☐
3 A☐ B☐ C☐ D☐ E☐ F☐ G☐ H☐ I☐
4 A☐ B☐ C☐ D☐ E☐ F☐ G☐ H☐ I☐
5 A☐ B☐ C☐ D☐ E☐ F☐ G☐ H☐ I☐
6 A☐ B☐ C☐ D☐ E☐ F☐ G☐ H☐ I☐

Tarea 2

7   A☐ B☐ C☐
8   A☐ B☐ C☐
9   A☐ B☐ C☐
10 A☐ B☐ C☐
11 A☐ B☐ C☐
12 A☐ B☐ C☐

Tarea 3

13 A☐ B☐ C☐
14 A☐ B☐ C☐
15 A☐ B☐ C☐
16 A☐ B☐ C☐
17 A☐ B☐ C☐
18 A☐ B☐ C☐

Tarea 4

19 A☐ B☐ C☐ D☐ E☐ F☐ G☐ H☐
20 A☐ B☐ C☐ D☐ E☐ F☐ G☐ H☐
21 A☐ B☐ C☐ D☐ E☐ F☐ G☐ H☐
22 A☐ B☐ C☐ D☐ E☐ F☐ G☐ H☐
23 A☐ B☐ C☐ D☐ E☐ F☐ G☐ H☐
24 A☐ B☐ C☐ D☐ E☐ F☐ G☐ H☐

Tarea 5

25 A☐ B☐ C☐
26 A☐ B☐ C☐
27 A☐ B☐ C☐
28 A☐ B☐ C☐
29 A☐ B☐ C☐
30 A☐ B☐ C☐

Prueba 2. Comprensión auditiva

Tarea 1

1 A☐ B☐ C☐
2 A☐ B☐ C☐
3 A☐ B☐ C☐
4 A☐ B☐ C☐
5 A☐ B☐ C☐
6 A☐ B☐ C☐

Tarea 2

7   A☐ B☐ C☐
8   A☐ B☐ C☐
9   A☐ B☐ C☐
10 A☐ B☐ C☐
11 A☐ B☐ C☐
12 A☐ B☐ C☐

Tarea 3

13 A☐ B☐ C☐
14 A☐ B☐ C☐
15 A☐ B☐ C☐
16 A☐ B☐ C☐
17 A☐ B☐ C☐
18 A☐ B☐ C☐

Tarea 4

19 A☐ B☐ C☐ D☐ E☐ F☐ G☐ H☐ I☐
20 A☐ B☐ C☐ D☐ E☐ F☐ G☐ H☐ I☐
21 A☐ B☐ C☐ D☐ E☐ F☐ G☐ H☐ I☐
22 A☐ B☐ C☐ D☐ E☐ F☐ G☐ H☐ I☐
23 A☐ B☐ C☐ D☐ E☐ F☐ G☐ H☐ I☐
24 A☐ B☐ C☐ D☐ E☐ F☐ G☐ H☐ I☐

Tarea 5

25 A☐ B☐ C☐
26 A☐ B☐ C☐
27 A☐ B☐ C☐
28 A☐ B☐ C☐
29 A☐ B☐ C☐
30 A☐ B☐ C☐

PRUEBA 1
COMPRENSIÓN DE LECTURA

La prueba de **Comprensión de lectura** contiene cinco tareas.
Usted debe responder a 30 preguntas. Duración: 70 minutos.
Marque sus opciones únicamente en la **Hoja de respuestas**.

TAREA 1

Instrucciones
Usted va a leer seis textos en los que unas personas hablan
sobre su vida y diez textos con mensajes que estas personas
han recibido. Relacione a las personas (1-6) con los textos que
informan sobre los mensajes (A-I). HAY TRES TEXTOS QUE NO
DEBE RELACIONAR. Marque las opciones elegidas en la **Hoja
de respuestas**.

	PERSONA	TEXTO
1	Yolanda	
2	Álex	
3	Inés	
4	Héctor	
5	Pablo	
6	Natalia	

1. Yolanda: Mi jefe es demasiado sincero, ayer me dijo
que no trabajo bien y que están buscando a otra persona
para mi puesto.

2. Álex: Mi amigo está en casa, dice que le duele mucho
la barriga y que necesita ayuda. Voy a ver qué puedo hacer
por él.

76

3. Inés: Voy a empezar a tomarme la píldora, lo he hablado con mi marido y he pensado que es la mejor solución, ya me he quedado embarazada tres veces y no quiero más.

 4. Héctor: Mi sobrino está en el hospital, ayer se hizo una quemadura muy fea. Espero que no sea nada y que se ponga bien pronto. Estamos muy preocupados.

 5. Pablo: Llevo barba desde hace cinco años, pero ahora mi novia quiere que me la quite. No sé si debería hacerle caso, a mí me gusta mi barba.

 6. Natalia: Mi amiga siempre llega con retraso cuando quedamos, esta vez me ha puesto una excusa con el tráfico, ¿qué será lo siguiente?

TEXTOS

A. Mensaje:

Escúchame, quiero decirte que no estamos muy contentos con tu rendimiento y hemos decidido despedirte. Estamos teniendo entrevistas con varios candidatos, pronto encontraremos a alguien para sustituirte. Solo lo digo para avisarte y que no te pille por sorpresa.

B. Mensaje:

La verdad es que no sé qué pasó, le he dicho mil veces durante su vida que no puede jugar con fuego. Yo pensaba que lo había entendido, pero parece que no. Fuimos a urgencias y allí le atendieron, ahora mismo está ingresado. Por favor, llama a tu hermana y díselo.

C. Mensaje:

Lo he consultado con mi padre y creo que deberíamos contratar un seguro médico. Yo me quedaría más tranquilo, sobre todo cada vez que salgamos del país. ¿Has mirado los precios de las aseguradoras que te dije?

D. Mensaje:

Perdón por llamarte tan temprano, estoy teniendo problemas de estómago, me he puesto muy malo, creo que me va a ser imposible salir. Empecé anoche con diarrea y desde entonces no he podido parar de ir al baño. ¿Qué opinas? ¿Qué debo hacer?

E. Mensaje:

Vi a tu primo y me sorprendí, ha cambiado un montón, ahora tiene muy buena figura. Creo que ha estado yendo al gimnasio porque tiene muchos músculos y nada de barriga. Además, estaba supermoreno, quizás se haya pasado todo el verano en la playa.

F. Mensaje:

¿Has pensado en lo que te comenté el otro día? Tenemos que encontrar otra solución, sabes que no puedo utilizar preservativos porque tengo una reacción alérgica. Seguro que hay alguna forma de continuar manteniendo relaciones sexuales sin tener más hijos.

G. Mensaje:

Perdona, lo siento mucho. No te vas a creer lo que pasa, estoy en un atasco horrible. Han puesto un semáforo nuevo cerca del puente viejo y está todo bloqueado. Además, creo que ha habido un accidente y esto ha empeorado las cosas.

H. Mensaje:

Permíteme que te hable con sinceridad. Tu problema está muy claro, es la alimentación. ¿Cómo pretendes que cambie algo si sigues teniendo esa dieta que abusa de las proteínas? Deberías empezar a informarte sobre los productos ligeros. Conozco a una persona que te puede ayudar.

I. Mensaje:

Ayer estuve en la tienda y te compré maquinillas y espuma de afeitar, lo he dejado todo en el primer cajón del mueble del baño. Si me quieres ya sabes lo que tienes que hacer. Nos vemos esta noche, un beso.

Instrucciones

Usted va a leer un texto sobre la apariencia física. Después, debe contestar a las preguntas (7-12). Seleccione la respuesta correcta (a / b / c). Marque las opciones elegidas en la **Hoja de respuestas**.

Sharon Stone: "la apariencia física sí importa en Hollywood"

En tiempos de igualdad, de inclusión y de valorización de las cualidades artísticas en Hollywood, la actriz estadounidense Sharon Stone manifestó que en la industria del cine aún se valora mucho a la apariencia física, la belleza y la juventud, por encima del talento. "Quien dice lo contrario es un mentiroso e hipócrita", expresó.

"No te das cuenta de lo mucho que la apariencia importa hasta que empiezas a desaparecer, cuando ya no trabajas, cuando ya no te llaman para hacer películas", manifestó la actriz.

 Recordó que la industria del cine vende belleza y juventud, cosas que muchos quieren tener y que se satisfacen al verlo en la pantalla. Las historias son creadas para gente bonita y joven, intentar actuar después de los 60 años es casi imposible, aclaró.

Stone comentó que ya no le importa lo que otras personas digan de su cuerpo o su cara. Tiene 62 años y se siente muy bien con su físico, que a su edad no pretende lucir como una chica de 20 años. Durante el tiempo de cuarentena realizaba ejercicios físicos en su casa, en California, EEUU, para ayudar a conservar su salud, que para ella es más importante que la apariencia.

Aunque la carrera de Sharon Stone empezó en 1980 con "Los diarios del ron", de Woody Allen, fue en 1992, con la polémica película "Instinto básico" cuando se hizo realmente famosa, gracias a las escenas sensuales que protagonizaba. Se recuerda el momento cuando Stone, sin llevar ropa interior, cruza las piernas estando sentada. Dicha escena es considerada una de las más influyentes de la historia del cine, por su carga erótica, sin llegar a mostrar las partes íntimas de la actriz. De esa imagen ella ha querido deshacerse durante mucho tiempo, llegando a decir que tiene mejores trabajos en el cine, sin embargo, el público y los críticos la siguen recordando por esto.

Sharon Stone es una artista polémica. Algunos productores no querían trabajar con ella, decían que causaba problemas. Y es que casi siempre dice lo que piensa y, cuando siente injusticias, lo expresa públicamente.

Fue una de las estrellas de Hollywood que colaboró con el movimiento #MeToo, que exhibió los abusos laborales y sexuales a las actrices por parte de productores, realizadores y hasta de otros actores. Contó que una vez un director le hizo sentarse en sus piernas para explicarle algo sobre la película. En otra ocasión, un actor le dijo durante el trabajo que quería ver sus pechos, y así como esas situaciones vivió muchas.

En 1996 fue nominada al Óscar y recibió el premio Globo de Oro por la película Casino, de Martin Scorsese. Su trabajo más reciente en el cine fue en 2018, "What about love", y este año ha presentado en la televisión el documental "El nuevo papa".

Adaptado de: www.eldeber.com

PREGUNTAS

7. Sharon Stone piensa que…
a) las personas que dicen que en Hollywood no importa la edad dicen la verdad.
b) el aspecto físico y la edad son muy importantes para trabajar como actriz.
c) después de cumplir 60 años tienes mejores contratos en Hollywood.

8. El texto dice que…
a) Sharon Stone está feliz con su cuerpo.
b) la hija de Sharon Stone tiene 20 años.
c) durante la cuarentena, Sharon Stone se mudó de América.

9. La actriz Sharon Stone…
a) debutó como actriz con la película "Instinto básico".
b) olvidó ponerse ropa interior al hacer una película.
c) actuó en una película de Woody Allen en 1980.

10. Según el texto, Sharon Stone…
a) siempre da su opinión, aunque pueda resultar polémica.
b) ha tenido varias relaciones amorosas con productores de Hollywood.
c) siempre estaba muy tranquila durante sus trabajos como actriz.

11. El texto dice que…
a) el movimiento #MeToo fue iniciado por Sharon Stone.
b) el movimiento #MeToo mostró malos comportamientos de diferentes profesionales del cine.
c) Sharon Stone jamás tuvo una mala experiencia al actuar.

12. Sharon Stone…
a) no ha continuado con su carrera profesional desde el siglo pasado.
b) ha ganado en varias ocasiones el premio Óscar.
c) sigue realizando trabajos como actriz.

TAREA 3

		A. EMI	B. TEO	C. LUZ
13.	¿Qué persona sale a caminar tranquilamente para hacer algo de ejercicio?			
14.	¿Qué persona comenta que sufrió una lesión por la que tuvo que estar ingresada?			
15.	¿Quién dice que se cansaba mucho cuando hacía ejercicio?			
16.	¿Quién dice que de adolescente quería tener la figura ideal?			
17.	¿Quién dice que sus amigos entrenan en un gimnasio?			
18.	¿Qué persona dice que se dedica al sector de la ley y la justicia?			

TEXTOS

A. EMI

Cuando tenía quince años estaba loca por mi imagen, cada día hacía ejercicios para perder peso y tener la barriga plana como las chicas de las portadas de las revistas. Al cumplir veinte años empecé a trabajar en una oficina y, no sé si fue porque perdí el interés o por falta de tiempo, pero dejé de entrenar.

Ahora he descubierto que el aspecto físico no es algo con lo que debamos obsesionarnos, soy feliz dando mis paseos diarios y bailando en mis clases de salsa que tengo una vez a la semana. Lo que hacía antes me tenía atrapada en un ciclo sin fin, nunca estaba contenta y siempre quería entrenar más y más.

B. TEO

Un físico perfecto solo se consigue con mucho esfuerzo y sacrificio. Cuando iba a la universidad, me pagaba los estudios con lo que ganaba haciendo de entrenador personal en un gimnasio de las afueras. Para mí, empezó como una obligación, pero poco a poco se ha convertido en una afición. He conocido a casi todas mis amistades entre las máquinas del club de fitness.

Ahora ya no me dedico a esto profesionalmente, pero continúo con mi plan intensivo de ejercicios semanales. Estudié derecho y ahora trabajo en un prestigioso bufete internacional. Es un poco difícil organizar mi empleo y mi entrenamiento, pero poco a poco lo estoy consiguiendo.

C. LUZ

Hace ya mucho tiempo que no lo hago, pero antes practicaba atletismo tres veces a la semana. Yo lo odiaba, pero mis padres me obligaban a ir a esas horribles clases, eran muy duras, el entrenador quería preparar a futuras estrellas, atletas profesionales, y no era lo mío. Lo único que conseguía era estar agotada en mi día a día.

Recuerdo que una vez me rompí la rodilla derecha, estuve en el hospital más de tres semanas, me dieron el alta justo antes de los exámenes finales. Por supuesto, los suspendí todos, ese fue el momento en el que mis padres apoyaron mi decisión de dejar los entrenamientos.

TAREA 4

Instrucciones
Lea el siguiente texto, del que se han extraído seis fragmentos. A continuación, lea los ocho fragmentos propuestos (A-H) y decida en qué lugar del texto (19-24) hay que colocar cada uno de ellos. HAY DOS FRAGMENTOS QUE NO TIENE QUE ELEGIR. Marque las opciones elegidas en la **Hoja de respuestas**.

¿QUÉ ES COMER SANO?

He hablado mucho sobre la industria alimentaria, sobre no creer en los envases ni en los anuncios. ¿Y ahora qué? No se trata de morirse de hambre ni mucho menos, comer sano y equilibrado es comer mucho, pero mucho de otras cosas.

............(19)..............., se han encontrado mejor, con más energía, con menos problemas digestivos, mejor descanso nocturno y pelo, piel y uñas más sanas entre otros beneficios.

Pero las mayores ventajas de una vida saludable están a largo plazo ya que nos ayudan a prevenir enfermedades no transmisibles que, a día de hoy, se están extendiendo a gran velocidad. Estas enfermedades son la diabetes, las enfermedades cardiovasculares y los accidentes cerebrovasculares e incluso el cáncer.

Otra de las grandísimas ventajas de comer sano y familiarizarte con la nutrición es que serás el ejemplo para los que te rodean, los que verán cómo ha cambiado tu vida y cómo te sientes y lo más importante... los más pequeños. ....(20)..............

Consumir ensalada y pollo a la plancha pensando que es algo saludable es un error, debido a que el consumo de carne está limitado semanalmente. ....(21)..............., los grandes protagonistas deben ser los vegetales. Básicamente, toma el volumen de medio plato de vegetales en la comida y en la cena y reparte a lo largo del día, como mínimo, 3 raciones de frutas al día.

…………(22)………….. Hay personas que comen realmente mal, pero que ellos lo hagan no ha de servirte a ti de consuelo para interpretar que lo que tú hacías no está tan mal.

Sé muy crítico con los mitos, con lo de "me han dicho que esto va mal para esto" o "de esto hay que comer mucho porque tiene de lo otro" o "si te tomas esto adelgazas". Y qué decir de la publicidad, los envases y la industria alimentaria en general. …………(23)…………..

¿Todavía no has empezado a mejorar tu alimentación? ¿Tienes dudas? Pide ayuda y olvídate de las promesas que circulan por la red o los consejos infundados. Los dietistas-nutricionistas tenemos clarísimo que "hacer dietas milagro engorda", el efecto rebote es muy perjudicial y empeora el resultado de futuras dietas. …………(24)…………..

Adaptado de: www.biografiadeunplato.com

FRAGMENTOS

A. Cuestiónalo todo, mira directamente los ingredientes y la composición nutricional para saber qué contiene realmente lo que compras

B. Eres el ejemplo de tus hijos, sobrinos o nietos y es importante que te vean comer cosas saludables y disfrutarlas porque entonces les será más fácil entender que eso es algo bueno.

C. Cuando se lo comentaron dejó la dieta inmediatamente para volver a su ritmo de vida normal

D. Mi experiencia tras acompañar a varias personas a lo largo de esta transición es que han conseguido un mejor peso

E. Debido a estas enfermedades, los nutricionistas están cada vez más presentes en los medios de comunicación

F. En todos los tipos de alimentación, hagas la dieta que hagas

G. Es importante que tu dieta esté bien planificada y controlada por este profesional de la salud.

H. Si estás mejorando tus hábitos no te compares con nadie

Instrucciones

Lea el texto y rellene los huecos (25-30) con la opción correcta (a / b / c). Marque las opciones elegidas en la **Hoja de respuestas**.

Querida Miriam:

¿Qué tal te va la dieta? ¿Has conseguido perder algo de peso? Me …..25….. tu marido que lo llevabas muy bien y que estabas muy contenta. Quiero que …..26….. que todas las amigas te apoyamos un montón. ¿Te acuerdas de mi sobrina Eva? También intentó empezar una dieta, pero no duró ni tres días. …..27….. gente que no puede controlar su amor por los dulces y ella es una de estas personas.

He pensado empezar a hacer …..28….., pero me falta motivación para ir sola al gimnasio, ¿qué te parece si nos apuntamos juntas? Creo que te puede venir bien complementar tu dieta con un poco de entrenamiento físico. Podríamos ir dos o tres días a la semana después …..29….. trabajo. Mi hermana me recomendó hace tiempo el gimnasio que está cerca del puente viejo, ¿lo conoces? Tienen clases de zumba y de aeróbic, así que no creo que nos …..30…... Dime qué piensas, yo voy a buscar en Internet a ver si encuentro los precios del gimnasio.

Un beso,

Ángela

Opciones

25. a) dijo   b) preguntó   c) dije

26. a) sabes   b) sabrías   c) sepas

27. a) Se   b) Hay   c) Está

28. a) ejercito   b) ejercicio   c) ejército

29. a) del   b) de   c) el

30. a) abramos   b) aburramos   c) encontremos

PRUEBA 2
COMPRENSIÓN AUDITIVA

La prueba de **Comprensión auditiva** contiene cinco tareas. Debe responder a 30 preguntas. Duración: 40 minutos.

Marque sus opciones en la **Hoja de respuestas**.

Los audios se encuentran en el vídeo de YouTube: "Prueba de Comprensión Auditiva NUEVO DELE B1"

TAREA 1
Audio en vídeo de YouTube (25:04)

Instrucciones
Usted va a escuchar seis mensajes. Escuche cada mensaje dos veces. Después debe contestar a las preguntas (1-6). Seleccione la opción correcta (a / b / c). Marque las opciones elegidas en la **Hoja de respuestas**. Tiene 30 segundos para leer las preguntas.

PREGUNTAS

Mensaje 1

1. ¿Qué dice esta persona?
a) Que su hijo hace las cosas igual que su abuelo.
b) Que su abuelo tiene mal carácter.
c) Que su hijo es igual físicamente que un familiar.

Mensaje 2

2. ¿Cómo estaba la persona que habla antes de escuchar el ruido?
a) De pie.
b) Durmiendo.
c) Sentada.

Mensaje 3

3. ¿Qué le pasa a esta persona?
a) Está embarazada.
b) Está contenta porque va a trabajar en una oficina.
c) Está empezando un nuevo trabajo en una oficina.

Mensaje 4

4. ¿Qué ha pasado?
a) Su amiga trabaja en la ambulancia.
b) Se ha hecho una herida.
c) Se ha caído escalando.

Mensaje 5

5. ¿Qué podemos decir de esta persona?
a) Que es ecologista.
b) Que contamina mucho.
c) Que es virgen.

Mensaje 6

6. ¿De qué está hablando?
a) Del clima de una región.
b) De una receta.
c) De cómo cultivar.

TAREA 2
Audio en vídeo de YouTube (27:25)

Instrucciones
Usted va a escuchar una audición dos veces. Después debe contestar a las preguntas (7-12). Seleccione la respuesta correcta (a / b / c). Marque las opciones elegidas en la **Hoja de respuestas**. Tiene 30 segundos para leer las preguntas.

PREGUNTAS

7. Ricardo dice que…
a) necesita estudiar muchísimas horas antes de los exámenes.
b) aprueba sin problemas.
c) es un mal estudiante.

8. ¿Cómo es Ricardo?
a) Igual que sus familiares de Argelia.
b) Un poco serio.
c) Muy moreno.

9. Ricardo comenta que…
a) en su dieta tiene pocas proteínas.
b) no ha seguido los consejos de sus clases de nutrición.
c) lleva una dieta equilibrada.

10. Ricardo dice que…
a) los domingos por la mañana lee un libro sobre nutrición.
b) tener resaca es bueno para la salud.
c) últimamente bebe demasiado alcohol los sábados por la noche.

11. Por la noche…
a) Ricardo lee blogs sobre nutrición.
b) cenar fruta es lo más sano.
c) se debe comer chorizo o lomo.

12. Los familiares de Ricardo…
a) quieren que él adelgace.
b) quieren que sea entrenador de un equipo.
c) están un poco gordos.

TAREA 3

Audio en vídeo de YouTube (30:13)

Instrucciones
Usted va a escuchar seis noticias en un programa. Escuche el programa dos veces. Después debe contestar a las preguntas (13-18). Seleccione la respuesta correcta (a / b / c). Marque las opciones elegidas en la **Hoja de respuestas**. Tiene 30 segundos para leer las preguntas.

PREGUNTAS

Noticia 1
13. ¿Qué dice la noticia?
a) Que en diciembre se podrá comprar un nuevo programa informático.
b) Que se ha descubierto la cura para una enfermedad.
c) Que 95% de los científicos de Colorado está en huelga.

Noticia 2
14. En la noticia se comenta que...
a) el día internacional del té es en primavera.
b) los expertos en té son de Inglaterra.
c) las infusiones son buenas para la salud.

Noticia 3
15. El piloto...
a) es un militar.
b) es muy joven.
c) volaba por primera vez.

Noticia 4
16. En la noticia se dice que...
a) los oculistas españoles estaban en contra de realizar la conferencia.
b) los organizadores del evento son los propietarios de la sala.
c) el año pasado hubo bastante público en la conferencia.

Noticia 5
17. En los aeropuertos...
a) ha habido problemas después de la decisión del gobierno.
b) los niños no pueden estar sin una persona mayor de edad.
c) es obligatorio que los empleados lleven gorra.

Noticia 6
18. Según dice la noticia...
a) los ganaderos han cerrado sus negocios.
b) la gente compra menos carne.
c) el gobierno ha ofrecido ayudas económicas.

TAREA 4

Audio en vídeo de YouTube (32:56)

Instrucciones

Usted va a escuchar a seis personas que cuentan anécdotas. Escuche cada audio dos veces. Seleccione el enunciado (A-I) que corresponde a cada mensaje (del 19 al 24). Hay nueve opciones. Seleccione seis. Marque las opciones elegidas en la **Hoja de respuestas**. Tiene 20 segundos para leer los enunciados.

ENUNCIADOS

A.	Va a tomar medicinas.
B.	No consume carne.
C.	Pasó bastante tiempo en el hospital.
D.	No pudo ver a su pareja.
E.	Hizo un voluntariado.
F.	Habla de una carta.
G.	Quiere ser deportista profesional.
H.	Había muchas personas en este lugar.
I.	Vive al lado de un famoso.

	PERSONAS	ENUNCIADOS
19.	Persona 1	
20.	Persona 2	
21.	Persona 3	
22.	Persona 4	
23.	Persona 5	
24.	Persona 6	

TAREA 5
Audio en vídeo de YouTube (35:21)

Instrucciones

Usted va a escuchar una conversación entre dos amigos. Indique si los enunciados (25-30) se refieren a Rafa (A), a Lola (B) o a ninguno de los dos (C). Escuche la conversación dos veces. Marque las opciones elegidas en la **Hoja de respuestas**.

Tiene 25 segundos para leer los enunciados

		A. **RAFA**	**B.** **LOLA**	**C.** **NINGUNO**
25.	Piensa que el casco es muy bonito.	☐	☐	☐
26.	Ha esquiado esta semana.	☐	☐	☐
27.	Dice que en un lugar había descuentos.	☐	☐	☐
28.	Prefiere no beber alcohol.	☐	☐	☐
29.	Da un consejo a la otra persona.	☐	☐	☐
30.	Dice que se puede cambiar un producto estropeado.	☐	☐	☐

PRUEBA 3
EXPRESIÓN E INTERACCIÓN ESCRITAS

La prueba de **Expresión e interacción escritas** contiene 2 tareas. Duración: 60 minutos. Haga sus tareas en la **Hoja de respuestas**.

TAREA 1

Instrucciones

Usted ve un anuncio del concurso "Vida sana". Léalo y escriba su experiencia (**entre 100 y 120 palabras**). Usted debe:

- saludar y presentarse;
- hablar sobre su rutina de entrenamiento y dieta;
- decir qué problema tuvo y cómo lo solucionó;
- despedirse.

VIDA SANA

 Participa en el concurso, cuéntanos lo que haces en tu día a día para estar en forma. Estamos buscando la mejor rutina de entrenamiento y la dieta más sana. ¿Cómo y dónde entrenas? ¿Qué comes? ¡Cuéntanoslo! ¿Tuviste algún problema durante tus entrenamientos? Dinos cómo lo superaste. Nuestro entrenador personal leerá todos los artículos que escribáis y elegirá el mejor. El ganador recibirá un bono de 500€ en equipamiento deportivo en la tienda Maratón.

Instrucciones

Elija solo una de las dos opciones que se le ofrecen a continuación y escriba un texto de entre **130 y 150 palabras**:

OPCIÓN 1

¿Nos cuentas tu secreto para ponerte guapo o guapa para las fiestas? ¿Cómo te gusta vestirte? ¿Qué cosméticos utilizas? ¿Dedicas mucho tiempo a prepararte antes de salir los fines de semana? Háblanos sobre tus costumbres de belleza.

Lea el post del blog y escriba su comentario, hable de:

- la ropa que utiliza para salir de fiesta;
- los cosméticos que más le gustan;
- su ritual de preparación antes de salir de casa.

OPCIÓN 2

¿Debería operarme la nariz? Muchas personas me dicen que tengo una cara muy estrecha y mi nariz no me queda bien. Estoy pensando cambiar un poco mi apariencia. ¿Qué pensáis? ¿Debería hacerlo? Por favor, sed sinceros.

Su amiga ha hecho una publicación en las redes sociales, coméntela, usted debe:

- darle un consejo;
- ofrecer su opinión;
- contar la experiencia de algún conocido con ese tema.

PRUEBA 4
EXPRESIÓN E INTERACCIÓN ORALES

Tiene 15 minutos para preparar las Tareas 1 y 2. Usted puede tomar notas y escribir un esquema de su exposición que podrá consultar durante el examen; en ningún caso podrá limitarse a leer el esquema.

TAREA 1

Instrucciones
Le proponemos dos temas con algunas indicaciones para preparar una exposición oral. Elija uno de ellos. Tendrá que hablar durante **2 o 3 minutos** sobre el tema elegido. El entrevistador no intervendrá en esta parte de la prueba. Diferencie las partes de su exposición (introducción, desarrollo y conclusión final), ordene y relacione bien las ideas y justifique sus opiniones y sentimientos.

OPCIÓN 1

Hable sobre una vez que estuvo en el hospital, comente:

- qué parte del cuerpo le dolía;
- los motivos por los que tuvo el problema de salud;
- cómo fue su estancia en el hospital;
- cómo acabó todo.

OPCIÓN 2

Hable sobre los deportes que practicaba de joven, debe:

- hablar sobre cuándo y dónde practicaba estos deportes;
- por qué decidió cambiar de unos a otros o probar nuevos;
- con quién los practicaba y con qué frecuencia;
- cuál de ellos le gustaba más y por qué.

97

Instrucciones

Cuando haya terminado su exposición (Tarea 1), usted deberá mantener una conversación con el entrevistador sobre el mismo tema durante 3 o 4 minutos.

EJEMPLOS DE PREGUNTAS DEL ENTREVISTADOR:

SI ELIGIÓ LA OPCIÓN 1

- ¿Cómo son los hospitales en el lugar donde vive usted? ¿Funciona bien el sistema de salud?
- ¿Conoce a alguien que trabaje en el sector de la salud? ¿Cómo piensa que es este tipo de trabajo?
- ¿Qué consejo le puedes dar a una persona que está ingresada mucho tiempo en el hospital?
- ¿Cuándo era joven le gustaba estar enfermo/a? ¿Por qué?
- ¿Hay algún medicamento que odie tomar? ¿Por qué?

SI ELIGIÓ LA OPCIÓN 2

- ¿Le gusta ver deportes en la televisión? ¿Cuáles?
- ¿Va a los estadios para ver partidos?
- ¿Alguna vez ha viajado para ver o practicar algún deporte? ¿Cómo fue el viaje?
- ¿Ha pensado alguna vez en ser deportista profesional? ¿Cree que es un buen trabajo?
- ¿Alguna vez ha tenido algún problema mientras practicaba deporte? ¿Qué le sucedió?

EJEMPLO DE SOLUCIÓN

TAREA 3

Instrucciones

Le proponemos dos fotografías para esta tarea. Elija una, obsérvela y descríbala. Comente durante 1 o 2 minutos lo que ve en la foto y lo que imagina que está ocurriendo.

Estos son algunos aspectos que puede comentar:

- Las personas: dónde están, cómo son, qué hacen.
- El lugar en el que se encuentran: cómo es.
- Los objetos: qué objetos hay, dónde están, cómo son.
- Qué relación cree que existe entre las personas.
- ¿Qué pasa, qué piensan o de qué hablan?

Posteriormente, el entrevistador le hará algunas preguntas. La duración total de esta tarea es de 2 a 3 minutos.

OPCIÓN 1

EJEMPLOS DE PREGUNTAS DEL ENTREVISTADOR

- ¿Le gusta cocinar? ¿Qué suele hacer en la cocina?
- ¿Cuál es su plato preferido? ¿Qué ingredientes lleva?
- ¿Sigue alguna dieta especial? ¿Por qué?

EJEMPLOS DE PREGUNTAS DEL ENTREVISTADOR

- ¿Usted practica deporte? ¿Qué hace para estar en forma? ¿Con qué frecuencia?
- ¿Cuáles son los deportes más importantes en su país?
- ¿Por qué zonas de su ciudad la gente va a correr? ¿Es peligroso correr por las carreteras?
- ¿Ve algún deporte en la televisión o en directo? ¿Cuál?

EJEMPLO DE SOLUCIÓN

Instrucciones

Usted debe dialogar con el entrevistador en una situación simulada durante dos o tres minutos. La situación tiene relación con la imagen elegida en la tarea 3. La duración de esta tarea es de 2 a 3 minutos.

SI ELIGIÓ LA OPCIÓN 1

Usted está cocinando algo con otra persona, sin embargo, ha olvidado comprar uno de los ingredientes. Discuta sobre cómo cocinar el plato sin este ingrediente

Durante la conversación usted debe:

- explicar dónde compró todo y por qué olvidó comprar el ingrediente que falta;
- hablar sobre el plato que querían cocinar;
- dar alguna alternativa para cocinar el plato;
- contar alguna historia de otra vez que le sucedió algo similar.

EJEMPLOS DE PREGUNTAS DEL ENTREVISTADOR

- Oh, ¿cómo has podido olvidarlo? ¿Qué hacías en la tienda?
- ¿Crees que podremos hacer esto de otra forma?
- No creo que salga bien, ¿no piensas que sería mejor pedir una pizza y cocinar esto otro día?
- ¿Alguna vez te ha pasado algo así?

SI ELIGIÓ LA OPCIÓN 2

Usted ha decidido hacer deporte para estar en forma, pero quiere hacerlo en compañía de alguien. Hable con un amigo para ver si quiere hacer deporte con usted.

Durante la conversación usted debe:

- explicar por qué quiere hacer deporte ahora;
- decir qué deporte le gustaría practicar y con qué frecuencia;
- hablar sobre los aspectos positivos de este deporte;
- ofrecer información sobre el lugar donde se puede hacer y los costes que tiene.

EJEMPLOS DE PREGUNTAS DEL ENTREVISTADOR

- ¿Por qué has pensado en este momento en hacer deporte?
- A mí el único deporte que me gusta es el ajedrez, ¿qué te parece?
- ¿Qué deporte podríamos hacer juntos? ¿Por qué?
- ¿Dónde se puede practicar? ¿Cuánto cuesta?

EJEMPLO DE SOLUCIÓN

VOCABULARIO

Y

MODELO 4

ESTUDIOS Y TRABAJO

VOCABULARIO

¿Conoces estas palabras?

Burocracia	Oficio
Colegio	RR. HH.
Asignatura	Ayudante
Matrícula	Departamento
Beca	Laboratorio
Prácticas	Guardería
Nota	Aprobar
Carrera	Informe
Bachillerato	Proyecto
Máster	Presupuesto
Doctorado	Pedido
Esquema	Oferta
Resumen	Demanda
Pizarra	Entrevistador
Descanso	Experiencia
Enciclopedia	Formación
Apuntes	Disponibilidad
Folio	Sindicato
Papel	Jubilado
Carpeta	Abogado

1. Relaciona las siguientes palabras con sus definiciones:

periodista – funcionario – dependiente – licenciado – huelga – contrato – carpintero – sustituto – casco – tinta – sueldo

1. Persona que tiene por oficio fabricar o arreglar objetos de madera.

2. Objeto de material muy resistente y forma generalmente semiesférica que se ajusta a la cabeza para protegerla de posibles heridas o golpes.

3. Persona que ocupa un cargo o empleo en la Administración pública.

4. Forma de protesta de los trabajadores consistente en no trabajar para conseguir mejoras laborales o sociales.

5. Documento, generalmente escrito, por el que dos o más partes se comprometen a respetar y cumplir una serie de condiciones, debe estar firmado por todas las partes.

6. Persona que ha terminado una carrera universitaria.

7. Dinero que, en concepto de paga, recibe regularmente una persona de la empresa o entidad para la que trabaja.

8. Persona que reemplaza a otra y hace sus funciones o trabajo.

9. Persona que hace reportajes o da noticias en un medio de comunicación, como un periódico, la televisión o la radio.

10. Sustancia líquida de color que se utiliza para escribir, dibujar o imprimir.

11. Empleado que tiene a su cargo atender a los clientes en las tiendas.

2. Usa los verbos en las siguientes frases (conjugados adecuadamente).

enseñar – subrayar – solicitar – corregir – atender – construir – equivocarse – introducir – saber – suspender

1. Voy a .... una ayuda económica al gobierno para poder pagar la matrícula del curso, es carísima.

2. Quiero que .... la verdad sobre esta oferta de trabajo, es para sustituir a un empleado que queremos despedir.

3. Para acceder a la plataforma hay que .... el nombre de usuario y una contraseña de 8 números.

4. El camarero que nos .... era muy simpático, a personas así da gusto dejarles propina.

5. El profesor nos ha dicho que mañana nos .... a utilizar la calculadora correctamente.

6. En la pregunta 15 del examen de hoy he puesto la "A", pero todos dicen que la respuesta correcta es la "B", creo que ....

7. No aprobé ninguna asignatura, lo hice tan mal que incluso .... el examen de religión. Mis padres van a enfadarse mucho conmigo.

8. El profesor me dijo que .... mis ejercicios por la tarde y me los enviaría por email, pero no lo hizo.

9. Puedes .... las palabras más importantes de un libro con un rotulador de color amarillo para recordarlas y estudiar más fácilmente.

10. Necesitamos que .... esta casa en menos de tres meses, los materiales llegarán la semana que viene. ¿Crees que podrás hacerlo?

MODELO 4 HOJA DE RESPUESTAS

Prueba 1. Comprensión de lectura

Tarea 1

1 A☐ B☐ C☐ D☐ E☐ F☐ G☐ H☐ I☐
2 A☐ B☐ C☐ D☐ E☐ F☐ G☐ H☐ I☐
3 A☐ B☐ C☐ D☐ E☐ F☐ G☐ H☐ I☐
4 A☐ B☐ C☐ D☐ E☐ F☐ G☐ H☐ I☐
5 A☐ B☐ C☐ D☐ E☐ F☐ G☐ H☐ I☐
6 A☐ B☐ C☐ D☐ E☐ F☐ G☐ H☐ I☐

Tarea 2

7 A☐ B☐ C☐
8 A☐ B☐ C☐
9 A☐ B☐ C☐
10 A☐ B☐ C☐
11 A☐ B☐ C☐
12 A☐ B☐ C☐

Tarea 3

13 A☐ B☐ C☐
14 A☐ B☐ C☐
15 A☐ B☐ C☐
16 A☐ B☐ C☐
17 A☐ B☐ C☐
18 A☐ B☐ C☐

Tarea 4

19 A☐ B☐ C☐ D☐ E☐ F☐ G☐ H☐
20 A☐ B☐ C☐ D☐ E☐ F☐ G☐ H☐
21 A☐ B☐ C☐ D☐ E☐ F☐ G☐ H☐
22 A☐ B☐ C☐ D☐ E☐ F☐ G☐ H☐
23 A☐ B☐ C☐ D☐ E☐ F☐ G☐ H☐
24 A☐ B☐ C☐ D☐ E☐ F☐ G☐ H☐

Tarea 5

25 A☐ B☐ C☐
26 A☐ B☐ C☐
27 A☐ B☐ C☐
28 A☐ B☐ C☐
29 A☐ B☐ C☐
30 A☐ B☐ C☐

Prueba 2. Comprensión auditiva

Tarea 1

1 A☐ B☐ C☐
2 A☐ B☐ C☐
3 A☐ B☐ C☐
4 A☐ B☐ C☐
5 A☐ B☐ C☐
6 A☐ B☐ C☐

Tarea 2

7 A☐ B☐ C☐
8 A☐ B☐ C☐
9 A☐ B☐ C☐
10 A☐ B☐ C☐
11 A☐ B☐ C☐
12 A☐ B☐ C☐

Tarea 3

13 A☐ B☐ C☐
14 A☐ B☐ C☐
15 A☐ B☐ C☐
16 A☐ B☐ C☐
17 A☐ B☐ C☐
18 A☐ B☐ C☐

Tarea 4

19 A☐ B☐ C☐ D☐ E☐ F☐ G☐ H☐ I☐
20 A☐ B☐ C☐ D☐ E☐ F☐ G☐ H☐ I☐
21 A☐ B☐ C☐ D☐ E☐ F☐ G☐ H☐ I☐
22 A☐ B☐ C☐ D☐ E☐ F☐ G☐ H☐ I☐
23 A☐ B☐ C☐ D☐ E☐ F☐ G☐ H☐ I☐
24 A☐ B☐ C☐ D☐ E☐ F☐ G☐ H☐ I☐

Tarea 5

25 A☐ B☐ C☐
26 A☐ B☐ C☐
27 A☐ B☐ C☐
28 A☐ B☐ C☐
29 A☐ B☐ C☐
30 A☐ B☐ C☐

PRUEBA 1
COMPRENSIÓN DE LECTURA

La prueba de **Comprensión de lectura** contiene cinco tareas.
Usted debe responder a 30 preguntas. Duración: 70 minutos.
Marque sus opciones únicamente en la **Hoja de respuestas**.

TAREA 1

Instrucciones
Usted va a leer seis textos en los que unas personas hablan
sobre la lectura y diez textos que informan sobre estudios y
trabajos. Relacione a las personas (1-6) con los anuncios y
mensajes (A-I). HAY TRES TEXTOS QUE NO DEBE
RELACIONAR. Marque las opciones elegidas en la **Hoja de
respuestas**.

PERSONA		TEXTO
1	María	
2	Raúl	
3	Ana	
4	Ramón	
5	Pedro	
6	Luisa	

1. María: Estoy superagobiada, no puedo más, tengo que
preparar una presentación con los resultados del mes
para los jefes de la empresa. Debo utilizar el programa
Power Point o alguno similar.

2. Raúl: Tengo un problema, por mi culpa, mi empresa va
a tener que pagar una compensación muy grande a otra
compañía. Adiós a mis opciones de promoción.

3. Ana: Para matricularme este año en la universidad voy a necesitar una ayuda económica. Han subido muchísimo los pagos mensuales que tenemos que hacer.

4. Ramón: Mi hijo ha suspendido todos los controles que ha hecho este año. El jueves tiene su última oportunidad para no quedarse atrás. Quiero que el próximo curso continúe con sus compañeros.

5. Pedro: Estoy muy emocionado, acabo de terminar de hacer mi primer currículum y ahora voy a presentárselo a diferentes compañías del sector turístico.

6. Luisa: Me parece increíble que en mi nuevo puesto de trabajo nos obliguen a buscar y pagar nosotros mismos el equipamiento de seguridad, la empresa debería encargarse de esto.

TEXTOS

A. MUNDO.COM
Si quieres formar parte de un equipo joven y dinámico esta oferta de empleo es para ti. Buscamos gente que ayude a expandir nuestra empresa online a diferentes partes del mundo. No se requiere experiencia previa, pero sí ilusión y ganas de trabajar.

B. URGENTE
¿En qué estabas pensando? Te has equivocado al introducir los datos de la factura en el ordenador. A partir de ahora, la empresa productora nos va a subir los precios muchísimo. Puedes olvidarte del puesto de subdirector de departamento que pedías.

C. CAMBIOS EN EL HORARIO
Las clases de historia del profesor Martínez pasarán a los martes a la misma hora, mientras tanto, los miércoles tendremos una hora de tutoría en la que los alumnos podrán preguntar sus dudas y resolver los conflictos internos de la clase.

D. ACCIDENTE

Como bien sabéis todos, el pasado lunes por la mañana tuvo lugar un desafortunado accidente laboral en nuestra empresa. Matías, un empleado del departamento de recursos humanos se cayó por las escaleras y se rompió la rodilla derecha. Tened cuidado al caminar por los pasillos.

E. AVISO

Te recuerdo que tienes la exposición del informe económico mensual el próximo martes 3 de mayo. Nos vemos en la sala 23, junto al comedor, allí podremos ver mejor las diapositivas con el proyector. Tráelo todo preparado en un USB.

F. COMPROBAR EMAIL

El departamento de informática ha detectado un error con los correos electrónicos. Al introducir la contraseña algunos usuarios no podían escribir más de cinco letras. Si alguien tiene este problema debe hablar con Juan para que lo corrija.

G. MENSAJE DEL DIRECTOR REENVIADO

Si alguien de vosotros está pensando en pedir una beca para este curso debe rellenar el formulario que adjunto en este email y entregarlo en la secretaría antes del viernes. El rector todavía no ha decidido cuál será la cantidad que recibirán los estudiantes que obtengan la beca.

H. RECORDATORIO

Se recuerda a todos los empleados de la planta de producción que deben comprar unas botas de trabajo y un casco homologado. Será obligatorio llevar botas y casco en toda la zona de producción y en el almacén. De este modo, nos adaptaremos a las nuevas normas del Ministerio de Trabajo.

I. RECUPERACIÓN

El día 13 tendremos el test de recuperación para todas aquellas personas que no han aprobado alguna asignatura. Recordad, es muy importante, si en este test se obtiene una mala nota, el alumno tendrá que repetir el curso.

Instrucciones
Usted va a leer un texto sobre la búsqueda de empleo. Después, debe contestar a las preguntas (7-12). Seleccione la respuesta correcta (a / b / c). Marque las opciones elegidas en la **Hoja de respuestas**.

Cómo buscar tu primer empleo tras finalizar la carrera

Encontrar empleo tras finalizar la carrera es complicado, no todo el mundo puede acceder a un puesto de trabajo nada más finalizar los estudios. Menos aún, trabajar de lo que has estudiado. El proceso de buscar tu primer empleo puede llevar mucho tiempo. No te pongas nervioso, todo llega a su momento.

Un buen currículum siempre destacará sobre el resto. Tienes que crear un currículum perfecto, no lo desarrolles a la ligera para enviarlo cuanto antes a las ofertas de empleo que van apareciendo. Dedica el tiempo que se merece a crear un currículum que impresione.

El objetivo principal del currículum a día de hoy es conseguir una entrevista de trabajo. Muchos confunden la función del currículum creyendo que un currículum es para encontrar trabajo. No, no es así. En un currículum debes captar la atención de la persona que está buscando empleados. Debe ser atractivo, que se diferencie del resto.

Lo ideal es que te pongas en contacto con la Universidad para que te orienten sobre los diferentes programas a los que puedes tener acceso tras acabar tus estudios. No sólo hay oportunidades para realizar prácticas. También hay oportunidades para obtener una beca o realizar un voluntariado y así tener experiencia laboral. Lógicamente, no pueden entrar todos los estudiantes universitarios a estos puestos.

Si necesitas experiencia para acceder a un puesto de empleo en la empresa, no dudes en buscar la forma de obtener experiencia y, en un futuro, optar a este puesto de trabajo. A veces hay que invertir, en este caso tiempo, para conseguir un objetivo, trabajo. Hay diversas formas para adquirir experiencia profesional. A día de hoy aparecen muchas oportunidades para realizar prácticas en empresas, muchas de ellas, pagadas.

Hay prácticas a nivel nacional como a nivel internacional. Las hay para todo tipo de profesionales. Algunas convocatorias tienen fecha y otras están permanentes durante todo el año. Sólo tienes que buscar la que mejor se adapte a tu perfil.

Repasa tus redes sociales y limpia todo aquello que pueda perjudicar a tu imagen para ser contratado. Hay personas que, para acceder a un puesto de empleo concreto, llegan a cerrar todas sus redes sociales. Usa una foto profesional. La foto será la primera imagen visual que des al mundo.

Nunca dejes de aprender. La correcta formación te abrirá las puertas no sólo a tu primer empleo tras finalizar la carrera, también a los empleos a los que quieras optar después. Los idiomas serán otro de los factores claves a la hora de acceder a un primer empleo. No te quedes sólo con una lengua. Ahora, sólo queda ponerse a buscar tu primer empleo.

Adaptado de: www.trabajarporelmundo.org

PREGUNTAS

7. Según el texto...
a) puedes necesitar mucho tiempo para encontrar tu primer trabajo.
b) debes realizar tu currículum antes de terminar tus estudios.
c) encontrar trabajo tras los estudios es sencillo.

8. El currículum...
a) siempre debe estar escrito en una lengua extranjera.
b) debe ser igual al de otros candidatos.
c) se hace para poder tener una entrevista de trabajo.

9. El texto dice que, gracias a la Universidad,...
a) todos los alumnos hacen prácticas o voluntariados.
b) cualquier empresa aceptará tener entrevistas de trabajo contigo.
c) algunos estudiantes pueden obtener experiencia con becas y programas especiales de prácticas.

10. El texto comenta que...
a) puedes recibir dinero por realizar algunas prácticas en empresas.
b) las prácticas siempre deben tener un sueldo fijo.
c) las empresas prefieren a los trabajadores sin experiencia.

11. El texto dice que en las redes sociales...
a) es mejor no tener una foto personal.
b) hay prácticas online a buen precio.
c) debes ofrecer una buena imagen.

12. El autor del texto recomienda...
a) crear una pequeña empresa.
b) aprender diferentes lenguas.
c) trabajar en lo primero que se encuentre.

Instrucciones

Usted va a leer tres textos en los que unas personas nos hablan de sus estudios y trabajos. Relacione las preguntas (13-18) con los textos (A, B o C). Marque las opciones elegidas en la **Hoja de respuestas**.

		A. ADA	B. EDU	C. MAR
13.	¿Quién dice que se dedica al sector de la producción?			
14.	¿Qué persona dice que en la actualidad tiene una hipoteca?			
15.	¿Quién dice que tiene muchas ganas de encontrar un trabajo?			
16.	¿Quién comenta que obtuvo un ascenso en su empleo?			
17.	¿Quién valora sobre todo la seguridad y la posibilidad de crecer dentro de la empresa?			
18.	¿Qué persona dice que no le parece bien que haya impuestos en las carreras universitarias?			

TEXTOS

A. ADA

Estudié enfermería en una universidad privada en Valencia. Recuerdo que mis padres pagaron muchísimo, no entiendo por qué, además de las tasas, debemos pagar el IVA por los estudios, me parece un robo. Lo único bueno de aquella época es que conocí a mi marido, los dos trabajamos en el mismo centro de salud.

Este año es muy importante en nuestras vidas, hace unos meses decidimos pedir un crédito para poder comprar una casa preciosa con jardín y piscina, estamos ya casi listos para mudarnos. Espero que el sector de la salud no tenga problemas, porque como mi marido y yo perdamos el trabajo no podremos devolver el crédito y perderemos la casa.

B. EDU

Una vida perfectamente planificada por mi padre, eso es lo que he tenido yo. Me fui con una beca a Inglaterra y cursé los estudios de mecánica industrial porque mi padre así lo quiso. Mi familia tiene una de las mayores fábricas de materiales metálicos para la construcción que hay en Europa. Somos líderes en el mercado y nos buscan clientes de todo el mundo.

Mi futuro estaba decidido, cuando volví a España empecé a trabajar en la fábrica con un puesto sin demasiada responsabilidad, a los pocos meses pasé a ser el jefe del departamento de mecánica, ahora ya siento que estaré en esta empresa el resto de mi vida.

C. MAR

Hace apenas tres meses que acabé la carrera universitaria de derecho laboral. Envié una carta de presentación a varias empresas y estoy esperando su respuesta. Tengo muchísima motivación y mi disponibilidad es total, me da igual tener que hacer horario nocturno.

En mi opinión, dentro de una empresa es muy importante tener opciones reales de promoción y un buen sindicato que apoye a los empleados. Por eso, quiero centrarme en las grandes corporaciones, como hizo mi hermana, ella ahora es la directora de contabilidad de una empresa que produce comida para animales y exporta sus productos a varios países.

Instrucciones
Lea el siguiente texto, del que se han extraído seis fragmentos. A continuación, lea los ocho fragmentos propuestos (A-H) y decida en qué lugar del texto (19-24) hay que colocar cada uno de ellos. HAY DOS FRAGMENTOS QUE NO TIENE QUE ELEGIR. Marque las opciones elegidas en la **Hoja de respuestas**.

EL TRABAJO EN LA HISTORIA

El trabajo que predominó en la Edad Antigua fue bajo la forma de esclavitud, donde quien lo realizaba no tenía derechos y proporcionaba un alto beneficio económico, ya que no tenía ningún tipo de salario. ....(19)............... Esta forma persistió hasta el siglo XIX. Había algunos trabajos en esta etapa que eran más prestigiosos que otros, como el de los escribas, los escultores o constructores de templos, cuyas actividades estuvieron protegidas en el Código de Hammurabi.

Las actividades agrícolas si bien fueron fundamentales para la economía antigua y medieval, no colocaron a quienes las ejercían en un lugar de privilegio, sino más bien era considerada como una actividad que sustentaba a las clases más calificadas. ....(20)..............., los que rezaban para el bien de todos (el clero) y los que trabajaban para todos (los campesinos) que alimentaban a aquellos que no producían.

............(21)..............., eran los últimos de la cadena, estaban tan unidos a la tierra que trabajaban, que se vendían junto a ella. Las actividades independientes se reglaban a través de los gremios.

 En la Edad Moderna, cobró auge la actividad comercial, con las nuevas tecnologías que dieron origen al despegue de la producción en cadena, y al nacimiento del capitalismo. ....(22)..............., sin leyes protectoras, por lo que sus condiciones de trabajo eran insalubres, sin protección de la maternidad, ni de la familia, ni del trabajo de menores; sin descansos y con jornadas laborales agotadoras.

Es a partir de este momento cuando comenzó a gestarse el Derecho laboral. El socialismo denunció los abusos contra los trabajadores, promoviendo la abolición de la propiedad privada de los medios productivos. ....(23).............. La revolución rusa de 1918 dictó la "Declaración de Derechos del Pueblo Trabajador y Explotado".

La Primera Guerra Mundial exigió la existencia de trabajadores en las fábricas de armamentos, donde se les otorgaron ciertas concesiones. ....(24).............., se creó la O.I.T. (Organización Internacional del Trabajo). La Constitución de México de 1917, y la de Weimar, en 1919 en Alemania proclamaron los derechos sociales. En América Latina los primeros países en incorporar la protección legal de los trabajadores fueron Uruguay (1934) y Cuba (1940).

Adaptado de: www.laguia2000.com

FRAGMENTOS

A. Marx y Engels en su "Manifiesto comunista" de 1848, realizaron una denuncia al trabajo de la sociedad capitalista, que formaría las bases del comunismo soviético

B. El esclavo trabajaba para su dueño, que había invertido dinero en su compra, o había nacido de una esclava suya

C. Junto al trabajo asalariado, y a la Revolución Industrial, creció la explotación de los trabajadores de fábricas

D. El actual puesto de director de recursos humanos proviene precisamente de este empleo

E. Así, en la Edad Media, existía una distribución de funciones entre quienes peleaban para defender todo el reino en guerras (los nobles)

F. Varios de estos países se sumaron a las protestas y la situación se descontroló

G. Al firmarse el Tratado de Versalles en 1919 como culminación de este conflicto mundial

H. En la etapa medieval el trabajo estaba a cargo de los vasallos, siendo los siervos de los ricos

TAREA 5

NUEVAS NORMAS DE LA SALA DE ESTUDIO

A partir del lunes 1 de marzo entran en vigor las .....25..... normas:

· Queda totalmente prohibido comer y beber .....26..... de la sala de estudio. Hemos decidido adoptar esta medida tras las numerosas quejas de varios usuarios.

· No se permite tener los teléfonos .....27....., incluso si están en modo silencioso. La sala de estudio debe ser un lugar de concentración y tranquilidad, esto no es compatible con que los estudiantes estén pendientes de las .....28..... sociales.

· Los viernes y sábados por la noche se debe abandonar la sala de estudio antes de las 21:00. Todo el recinto de la Universidad permanecerá cerrado durante las noches de los fines de semana. El rector ha .....29..... esta decisión puesto que había algunos individuos que no sabían comportarse.

· Los libros, mochilas, estuches y cualquier otro tipo de material de estudio no se puede .....30..... ocupando espacio sobre la mesa si el estudiante no está en la sala, especialmente en temporada de exámenes.

Opciones

25. a) antes   b) siguientes   c) después

26. a) dentro   b) entro   c) debajo

27. a) rotos   b) prestados   c) encendidos

28. a) redes   b) red   c) olas

29. a) tomado   b) tocado   c) navegado

30. a) cambiar   b) probar   c) dejar

PRUEBA 2
COMPRENSIÓN AUDITIVA

La prueba de **Comprensión auditiva** contiene cinco tareas. Debe responder a 30 preguntas. Duración: 40 minutos.

Marque sus opciones en la **Hoja de respuestas**.

Los audios se encuentran en el vídeo de YouTube: "Prueba de Comprensión Auditiva NUEVO DELE B1"

TAREA 1

Audio en vídeo de YouTube (37:14)

Instrucciones
Usted va a escuchar seis mensajes. Escuche cada mensaje dos veces. Después debe contestar a las preguntas (1-6). Seleccione la opción correcta (a / b / c). Marque las opciones elegidas en la **Hoja de respuestas**. Tiene 30 segundos para leer las preguntas.

PREGUNTAS

Mensaje 1

1. ¿Qué sabemos de esta persona?
a) Que no vive en el centro de la ciudad.
b) Que no tiene animales en casa.
c) Que no tiene prisa por las mañanas.

Mensaje 2

2. ¿Qué deben hacer los trabajadores?
a) Fregar el suelo de la cafetería.
b) Traer el café de sus casas.
c) Limpiar los utensilios de la cocina de la empresa.

Mensaje 3

3. ¿De qué está hablando?
a) De una reunión con un cliente.
b) De cómo acceder a un programa informático.
c) De un nuevo despacho.

Mensaje 4

4. ¿Qué es este lugar?
a) Es un campus.
b) Es una guardería.
c) Es una cárcel.

Mensaje 5

5. ¿Qué quiere hacer la persona que habla?
a) Hablar con Pedro de algo del trabajo.
b) Verse con Pedro después de mucho tiempo.
c) Tomar un café con su amigo Pedro.

Mensaje 6

6. ¿Qué necesita esta persona?
a) Una impresora.
b) Papel para imprimir.
c) Ver al jefe en persona.

Audio en vídeo de YouTube (39:18)

Instrucciones

Usted va a escuchar una audición dos veces. Después debe contestar a las preguntas (7-12). Seleccione la respuesta correcta (a / b / c). Marque las opciones elegidas en la **Hoja de respuestas**. Tiene 30 segundos para leer las preguntas.

PREGUNTAS

7. Andrea dice que…
a) gana mucho dinero en Valencia.
b) trabaja en la ciudad donde nació.
c) se dedica a la investigación médica.

8. ¿Qué sabemos sobre los padres de Andrea?
a) Que trabajan en la administración pública.
b) Que trabajan en diferentes lugares.
c) Que tienen su propia empresa.

9. Andrea comenta que…
a) tiene buenos recuerdos de sus jefes.
b) durante sus estudios tuvo trabajos malos.
c) sus padres le ayudaron económicamente cuando estaba en la universidad.

10. En cuanto a sus hábitos alimenticios, Andrea dice que…
a) no hace caso de los consejos que le dan otras personas para freír.
b) le gusta probar diferentes tipos de aceites.
c) en su casa nunca hay huevos.

11. Andrea dice que durante su trabajo…
a) habla con sus padres.
b) realiza varias pausas para comer.
c) utiliza las redes sociales.

12. El jefe de Andrea…
a) siempre ha sido una persona muy agradable.
b) empezó trabajando de recepcionista.
c) tiene una novia nueva.

TAREA 3

Audio en vídeo de YouTube (42:04)

Instrucciones
Usted va a escuchar seis noticias en un programa. Escuche el programa dos veces. Después debe contestar a las preguntas (13-18). Seleccione la respuesta correcta (a / b / c). Marque las opciones elegidas en la **Hoja de respuestas**. Tiene 30 segundos para leer las preguntas.

PREGUNTAS

Noticia 1
13. Amanda López…
a) no trabajaba los sábados.
b) trabajaba cuidando niños.
c) trabajaba en una oficina.

Noticia 2
14. El presidente…
a) dice que pagará todo en marzo.
b) dice que los jubilados ya han recibido el dinero de las ayudas.
c) dice que todavía no ha recibido el dinero de la Unión Europea.

Noticia 3
15. ¿Qué ha pasado con IBERLUZ?
a) Cerró hace 5 años.
b) El presidente ha cambiado.
c) Había errores en las facturas.

Noticia 4
16. En la Universidad…
a) va a haber hierba.
b) se van a renovar las aulas el próximo curso.
c) hay obras en este momento.

Noticia 5
17. El centro social…
a) es un lugar de ocio.
b) está cerca del centro de la ciudad.
c) es para gente joven.

Noticia 6
18. Al final del informativo…
a) comentan que se paga para instalar la aplicación.
b) dicen que en el futuro solo se podrán ver las noticias en la aplicación.
c) recomiendan a los espectadores bajar su aplicación.

TAREA 4

Audio en vídeo de YouTube (44:34)

Instrucciones

Usted va a escuchar a seis personas que cuentan anécdotas. Escuche cada audio dos veces. Seleccione el enunciado (A-I) que corresponde a cada mensaje (del 19 al 24). Hay nueve opciones. Seleccione seis. Marque las opciones elegidas en la **Hoja de respuestas**. Tiene 20 segundos para leer los enunciados.

ENUNCIADOS

A.	Habla de una guerra.
B.	Necesita ir a la peluquería.
C.	Viajó a un lugar muy tranquilo.
D.	Estuvo en la iglesia.
E.	Se hizo heridas con cristales.
F.	Puede empezar a trabajar ahora.
G.	Ha nacido alguien muy importante para esta persona.
H.	Dice que cultivaba plantas.
I.	Conoció a una persona en la clase de idiomas.

	PERSONAS	ENUNCIADOS
19.	Persona 1	
20.	Persona 2	
21.	Persona 3	
22.	Persona 4	
23.	Persona 5	
24.	Persona 6	

TAREA 5

Audio en vídeo de YouTube (46:57)

Instrucciones

Usted va a escuchar una conversación entre dos amigos. Indique si los enunciados (25-30) se refieren a Noé (A), a Mila (B) o a ninguno de los dos (C). Escuche la conversación dos veces. Marque las opciones elegidas en la **Hoja de respuestas**.

Tiene 25 segundos para leer los enunciados

	A. NOÉ	**B.** MILA	**C.** NINGUNO
25. Es presidente de una empresa.	☐	☐	☐
26. No tiene dinero en efectivo en este momento.	☐	☐	☐
27. Dice que algo va a ser más caro.	☐	☐	☐
28. Dice que venden productos a otro país.	☐	☐	☐
29. Va a ir a ver a la otra persona.	☐	☐	☐
30. Dice que la gente en Estados Unidos tiene más dinero cada año.	☐	☐	☐

PRUEBA 3
EXPRESIÓN E INTERACCIÓN ESCRITAS

La prueba de **Expresión e interacción escritas** contiene 2 tareas. Duración: 60 minutos. Haga sus tareas en la **Hoja de respuestas**.

TAREA 1

Instrucciones

Usted recibe un email de una compañera de trabajo. Léalo y escriba su respuesta (**entre 100 y 120 palabras**). Usted debe:

- saludar;
- comentar lo que dice el cliente de Chile;
- confirmar la asistencia a la reunión;
- opinar sobre la página web;
- despedirse.

Buenos días:

Me han dicho que has hablado ya con el cliente de Chile. ¿Qué te ha dicho? Recuerda que nos interesa mucho establecer una relación comercial con él, no hagas nada sin decírmelo antes a mí. Vamos a reunirnos a las 15:00 en mi despacho con la empresa de informática, quiero que estés tú también. Dime rápidamente, ¿qué opinas sobre el funcionamiento de nuestra web actual? Respóndeme cuanto antes,

Marta, jefa del departamento comercial

TAREA 2

Instrucciones

Elija solo una de las dos opciones que se le ofrecen a continuación y escriba un texto de entre **130 y 150 palabras**:

OPCIÓN 1

Los deberes de esta semana son sencillos, debéis escribir un breve texto hablando sobre las técnicas de estudio que utilizáis. Estos consejos pueden ser útiles para otros estudiantes, por favor, hacedlo lo mejor posible.

Tras leer un mensaje de su profesor, escriba un texto y:

- comente cuáles son sus técnicas de estudio;
- hable del mejor lugar y momento para estudiar;
- ponga un ejemplo de mala técnica de estudio.

OPCIÓN 2

Todos los trabajadores van a sufrir una reducción de sueldo del 7%, lo sentimos mucho, pero no nos queda otra opción, la empresa está sufriendo pérdidas económicas y estamos obligados a hacerlo. Empezaremos con el sueldo del próximo mes.

Usted lee un comunicado de su empresa con el que no está de acuerdo, debe:

- decir que no lo parece bien esta situación;
- explicar los motivos;
- hablar sobre las consecuencias que esto puede tener.

PRUEBA 4
EXPRESIÓN E INTERACCIÓN ORALES

Tiene 15 minutos para preparar las Tareas 1 y 2. Usted puede tomar notas y escribir un esquema de su exposición que podrá consultar durante el examen; en ningún caso podrá limitarse a leer el esquema.

TAREA 1

Instrucciones
Le proponemos dos temas con algunas indicaciones para preparar una exposición oral. Elija uno de ellos. Tendrá que hablar durante **2 o 3 minutos** sobre el tema elegido. El entrevistador no intervendrá en esta parte de la prueba. Diferencie las partes de su exposición (introducción, desarrollo y conclusión final), ordene y relacione bien las ideas y justifique sus opiniones y sentimientos.

OPCIÓN 1

Hable sobre sus estudios, incluya información sobre:

- dónde estudió y por qué lo hizo en ese lugar;
- con qué compañeros se llevaba mejor y por qué;
- su opinión sobre alguno de sus profesores;
- algo gracioso o curioso que le pasó durante sus estudios.

OPCIÓN 2

Haga un monólogo sobre el trabajo de sus sueños, mencione:

- qué tipo de trabajo es y dónde lo haría;
- qué tipo de compañeros tendría y cómo sería su relación;
- cuánto dinero ganaría;
- cómo sería un día normal en este trabajo.

EJEMPLO DE SOLUCIÓN

129

Instrucciones

Cuando haya terminado su exposición (Tarea 1), usted deberá mantener una conversación con el entrevistador sobre el mismo tema durante 3 o 4 minutos.

EJEMPLOS DE PREGUNTAS DEL ENTREVISTADOR:

SI ELIGIÓ LA OPCIÓN 1

- ¿Cuál era o es su asignatura preferida? ¿Y la que más problemas le ha dado durante su vida?
- ¿Cómo iba todos los días a su escuela? ¿Se tenía que despertar muy pronto?
- ¿Tenía o tiene algunas clases extra por las tardes? ¿De qué asignatura?
- ¿Le gustaría trabajar en una escuela? ¿Por qué?
- ¿Piensa que es mejor estudiar solo o en grupo? ¿Por qué?

SI ELIGIÓ LA OPCIÓN 2

- ¿Ha trabajado durante su vida? ¿En qué?
- ¿Le gustaría ser jefe de una gran empresa? ¿Por qué?
- ¿Podría trabajar en una fábrica? ¿O en la agricultura?
- ¿Cree que hay diferencias entre los sueldos de hombres y mujeres en su país?
- ¿Cuánto gana un camarero en su ciudad? ¿Crees que es un buen sueldo para vivir?

EJEMPLO DE SOLUCIÓN

TAREA 3

OPCIÓN 1

EJEMPLOS DE PREGUNTAS DEL ENTREVISTADOR

- ¿Le gustaría trabajar diseñando proyectos? ¿Por qué?
- ¿Cuánto gana un arquitecto en su país? ¿Mucho o poco?
- ¿Ha trabajado alguna vez en una oficina? ¿Qué le parece?

OPCIÓN 2

EJEMPLOS DE PREGUNTAS DEL ENTREVISTADOR

- ¿Conoce a alguien que trabaje a distancia?
- ¿Cuáles son las ventajas y desventajas de trabajar a distancia? ¿Le gustaría tener este tipo de trabajo?
- ¿Cree que los trabajadores trabajan más o menos al hacerlo desde sus casas?
- ¿Utiliza mucho el ordenador en su casa? ¿Qué suele hacer con él?

EJEMPLO DE SOLUCIÓN

TAREA 4

Instrucciones
Usted debe dialogar con el entrevistador en una situación simulada durante dos o tres minutos. La situación tiene relación con la imagen elegida en la tarea 3. La duración de esta tarea es de 2 a 3 minutos.

SI ELIGIÓ LA OPCIÓN 1

Usted está hablando con un cliente. La empresa en la que usted trabaja se va a retrasar con la entrega de unos productos, el cliente no puede esperar más y exige soluciones.

Durante la conversación usted debe:

- saludar educadamente a su cliente;
- explicar los motivos por los que su empresa no podrá cumplir con lo prometido;
- ofrecer algún tipo de solución;
- pedir disculpas y ofrecer alguna compensación o garantía para el futuro.

EJEMPLOS DE PREGUNTAS DEL ENTREVISTADOR

- Sabe usted que necesitamos esos productos, ¿se puede saber qué ha pasado?
- ¿Qué ofrecen ustedes para que continúe nuestra relación comercial?
- ¿Cómo tendremos garantías de que esto no se repetirá en el futuro?
- ¿Cuándo puede asegurarme que llegarán los productos?

SI ELIGIÓ LA OPCIÓN 2

Usted quiere irse de vacaciones y llevar el portátil de la empresa para poder trabajar desde el hotel. Hable con su jefe para pedirle permiso.

Durante la conversación usted debe:

- explicar la situación;
- dejar claro que va a trabajar igual que en su puesto de trabajo habitual;
- proponer otra alternativa para poder ir de vacaciones en estas fechas;
- hablar sobre algún caso anterior de otro trabajador.

EJEMPLOS DE PREGUNTAS DEL ENTREVISTADOR

- Buenos días, ¿qué necesita?
- ¿No cree usted que trabajará peor y la empresa saldrá perdiendo?
- ¿No tenemos otra opción? No me convence mucho su propuesta.
- ¿Alguna vez ha visto algo así en una empresa?

EJEMPLO DE SOLUCIÓN

SOLUCIONES

VOCABULARIO Y MODELO 1

1. 1 ración, 2 escenario, 3 moreno, 4 vigilante, 5 borracho, 6 conferencia, 7 asiento, 8 cola, 9 árbitro, 10 chándal, 11 dueño.

2. 1 cortarme, 2 busque, 3 huelen, 4 perdí, 5 toque, 6 me aburría, 7 aparqué, 8 inscribirnos, 9 se portaba, 10 venda.

Prueba 1, Comprensión de lectura

Tarea 1
1d, 2c, 3a, 4b, 5f, 6h.

Tarea 2
7b, 8a, 9b, 10c, 11a, 12c.

Tarea 3
13c, 14b, 15a, 16a, 17b, 18c.

Tarea 4
19c, 20f, 21a, 22h, 23d, 24b.

Tarea 5
25b, 26b, 27a, 28c, 29a, 30c.

Prueba 2, Comprensión auditiva

Tarea 1

1. Solución: b
Transcripción: ¡Qué emoción! En menos de treinta minutos estaremos en el aeropuerto y en unas horas aterrizaremos en Tenerife, me han dicho que es lo más parecido que hay al paraíso. El equipaje está en el maletero y los niños ya tienen puestos los cinturones de seguridad. Podemos arrancar.

2. Solución: c

Transcripción: Buenos días, arreglar esto va a ser muy difícil. Imagino que el golpe tuvo que ser bastante fuerte porque el motor está completamente estropeado. Espero que tenga un buen seguro, si no lo tiene puedo hablar con una empresa que conozco y está aquí al lado, detrás del hospital.

3. Solución: a

Transcripción: He visto todo el menú y no puedo decidirme. El marisco tiene muy buena pinta, aunque en esta época del año lo que mejor entra es algo caliente, como lentejas o garbanzos. Bueno, cambio de opinión, creo que al final me voy a decidir por la crema de espinacas y calabaza.

4. Solución: c

Transcripción: Es verdad que perdieron el balón con mucha facilidad durante todo el partido, pero creo que el árbitro también influyó mucho en algunos momentos decisivos. Si siguen así van a tener problemas al final de la temporada.

5. Solución: b

Transcripción: Hola Alberto, te llamo porque estoy teniendo problemas para reservar los vuelos. No sé qué pasa en mi casa con Internet, pero no funciona ninguna página web. ¿Puedes hacerlo tú y te envío el dinero por una trasferencia bancaria?

6. Solución: c

Transcripción: Buenos días, me gustaría cambiar la reserva que tengo para el día 25… ¿Cómo? ¿No estoy hablando con el hotel Imperio? Lo siento mucho, debo de haberme equivocado al marcar el número, voy a colgar, disculpe por las molestias.

Tarea 2

Soluciones: 7c, 8b, 9c, 10b, 11c, 12b.
Transcripción:

Buenos días, mi nombre es Enrique. Desde que era pequeño me encanta viajar, antes lo hacía con mis padres y ahora lo hago con mis hijos. Recuerdo varias situaciones de los viajes con mis padres, casi siempre vivíamos aventuras y todas estas empezaban por mi culpa. Yo no escuchaba los consejos que me daban y en más de una ocasión acabamos en hospitales de diferentes países. Creo que era un niño demasiado valiente para mi edad y me metía en lugares donde no debía.

Mi luna de miel no fue una excepción, perdí el anillo de compromiso cuando estábamos buceando con tiburones en el Caribe, mi mujer casi me mata, lo primero que hizo fue llamar a mi suegra y decirle que se quería volver a casa. Por suerte todo se arregló y pasamos un viaje genial. Al volver a España tuve que comprar otro idéntico.

He ido varias veces a hacer deportes de riesgo con mis amigos, nos encanta escalar en el norte de España, hay montañas espectaculares. Es un deporte muy sano, se lo recomiendo a todo el mundo. Lo único que no se debe hacer la noche antes de ir a escalar es beber demasiado alcohol, puede ser realmente peligroso. Ya tuve una mala experiencia y he aprendido la lección.

Las personas que me conocen saben que tengo un alma viajera. En mi día a día me cuesta muchísimo despertarme, llego tarde al trabajo en muchas ocasiones y rara vez me apetece limpiar la casa o cocinar, pero cuando estoy de viaje mi actitud es totalmente diferente, tengo muchísima más energía y siempre soy el primero en levantarse.

La primera vez que viajé con mi hijo él tenía apenas seis meses, mi esposa y yo decidimos que lo mejor era ir a un resort turístico con todo incluido en la costa de Turquía. Hubo algún tipo de confusión en la aerolínea y nuestras maletas acabaron en China una semana después, nadie sabe cómo pasó. Comprar ropa nueva no fue un problema, pero mi mujer se estresó bastante porque teníamos muchos productos para el niño que no pudimos encontrar en Turquía.

Ahora que nuestro hijo va a la escuela todo es diferente, tenemos menos tiempo y solemos hacer escapadas solo durante los puentes y fines de semana. Vamos a la playa cargados de equipaje, llevamos toallas, dos sombrillas, juguetes para el niño y tanta ropa que parece que vayamos a estar fuera un mes.

Tarea 3

Soluciones: 13c, 14b, 15b, 16c, 17c, 18b.
Transcripción:

La aerolínea TOPAIR asegura que entrará al mercado con promociones que todavía no se han visto en el mundo de los viajes. Según lo comentado por su director comercial, TOPAIR ofrecerá precios económicos en fechas donde normalmente otras compañías suben los costes de los billetes, como por ejemplo Navidad o verano. Además, promete hacer promociones especiales para despedidas de soltero y lunas de miel.

Los hoteleros de la zona de playa se quejan de los nuevos impuestos establecidos por el gobierno. Aseguran que no serán capaces de obtener beneficios en un mercado tan competitivo como el actual y que esta medida les obligará a subir sus precios y perder clientes. La asociación de hoteles ha organizado una protesta para pedir al gobierno que elimine este impuesto.

La última campaña publicitaria de la agencia de viajes MIRAMAR ha causado polémica entre el sector feminista de la población. Tanto en sus folletos como en el catálogo impreso de su oferta turística predominan las imágenes de chicas jóvenes y atractivas en biquini. La campaña está recibiendo numerosas críticas en las redes sociales y el director de márquetin ha anunciado que dará una rueda de prensa esta tarde a las siete y media.

El concurso de tapas concluyó ayer y ya conocemos al ganador, el restaurante Montenegro ha obtenido el primer premio gracias a una tapa elaborada a base de gambas, cangrejo y almejas. El jurado y los organizadores del concurso han querido felicitar a los dueños del restaurante por su innovación y por el hecho de haber utilizado productos locales y frescos.

Nos llegan noticias internacionales desde Asia, y es que el presidente chino ha anunciado que el lanzamiento del primer cohete tripulado con rumbo a Marte ha sido un éxito. Los astronautas pasarán seis meses a bordo de la nave hasta llegar a lo que Xin Zao, presidente de China, ha llamado "el nuevo mundo".

En cuanto al tiempo atmosférico, los cielos continuarán despejados durante el resto de la semana. La ola de frío que pronosticaban algunos meteorólogos no acabará de llegar a nuestras costas y las temperaturas permanecerán estables, con máximas de veinticinco grados y mínimas de doce grados.

Tarea 4

19. Solución: f
Transcripción: Estuvimos en Nueva York de lunes a viernes, pensábamos que lo íbamos a pasar muy bien, queríamos visitar Central Park y la Estatua de la Libertad, pero el viaje fue de los peores de nuestra vida. Estuvo granizando prácticamente los tres días sin descanso, se rompían los cristales de los coches y la ciudad era un caos.

20. Solución: a
Transcripción: Viajé a Bangkok en diciembre, la ciudad me pareció muy interesante, tiene muchísimos monumentos y se puede comer muy bien por la calle. Pero hubo una cosa que no me gustó nada, la polución. Es increíble, creo que deben encontrar una solución rápidamente o la gente que vive allí va a tener serios problemas de salud en el futuro.

21. Solución: h
Transcripción: Era la primera vez que viajaba con mi jefe y estaba un poco estresado, tuvimos muchas reuniones con nuestros inversores y conseguimos el dinero que necesitábamos para financiar el proyecto. Pasé más tiempo en oficinas y salas de reuniones que en las calles, apenas pude visitar la ciudad.

22. Solución: c

Transcripción: Costa Rica es un lugar increíble, se lo recomiendo a todos los amantes de la naturaleza. Desde que estuve allí sé que es el lugar donde quiero vivir cuando me jubile. Durante mi viaje vi muchísimos loros y varios tipos de pájaros que me encantaron. Estoy ahorrando dinero para ir de nuevo en otoño.

23. Solución: i

Transcripción: Elegí el hotel por la piscina, cuando vi las fotos en internet me enamoré. La mayoría de los resorts turísticos están diseñados para familias, pero este está pensado para deportistas como yo. Nado desde que tenía tres años, es mi pasión. En la actualidad participo en varias competiciones y me gusta entrenar durante mis viajes.

24. Solución: e

Transcripción: El restaurante ARACELI es uno de los lugares más exclusivos y elegantes que hay en la ciudad, solo puede ir gente que tiene una invitación. Es el lugar preferido de muchos famosos. Mi marido intentó entrar una vez en chándal y le dijeron que así no podía pasar.

Tarea 5

Soluciones: 25b, 26a, 27a, 28c, 29b, 30c.
Transcripción:
HOMBRE: ¡Hola, Bea! ¿Qué tal tu viaje?
MUJER: Uhh, no me hables del viaje. Me pasó de todo. Primero, cuando estábamos en el aeropuerto, me despisté un momento y luego no podía encontrar mi bolso, estuve casi una hora buscándolo, casi perdemos el vuelo por mi culpa.
HOMBRE: Vaya, yo para esas cosas soy muy organizado.
MUJER: Sí, lo sé, eres igual que tu padre, perfeccionista hasta la muerte.
HOMBRE: Qué le voy a hacer, el otro día fui al centro para hacer unas compras, pero como no podía encontrar un aparcamiento de mi gusto, volví a mi casa y compré por internet.
MUJER: Sí, me lo puedo imaginar.
HOMBRE: Cuéntame más cosas sobre tu viaje.
MUJER: Pues pasamos unos días en Ciudad de México y luego fuimos a Cancún. Normalmente hace buen tiempo, pero cuando estuvimos nosotros hacía bastante frío.
HOMBRE: Vaya, qué mala suerte.
MUJER: Y lo peor de todo es que, el último día de nuestro viaje, mi marido me convenció para comprar regalos para toda la familia.
HOMBRE: Eso está bien.
MUJER: No, porque compramos unos sombreros mexicanos enormes, no cabían en las maletas y tuvimos que dejarlos en el hotel.

HOMBRE: A veces no está mal ser perfeccionista, a mí eso no me habría pasado. Yo compré un anillo de compromiso para mi novia, estuve más de dos horas en la tienda para elegirlo.

MUJER: Oh, ¿se lo has dado ya? Me invitaréis a la boda, ¿no?

HOMBRE: Voy a dárselo el próximo sábado, he reservado una mesa en su restaurante preferido.

MUJER: ¡Qué emoción! Ya me dirás qué tal ha ido.

VOCABULARIO Y MODELO 2

1. 1 boda, 2 anciano, 3 maleducado, 4 soltero, 5 beso, 6 conservador, 7 sincero, 8 contento, 9 amistad, 10 obediente, 11 vago.

2. 1 romper, 2 envolvió, 3 cumplió, 4 adoptar, 5 discutan, 6 crezca, 7 ligaba, 8 cae, 9 hagas, 10 abrazaba.

Prueba 1, Comprensión de lectura

Tarea 1
1d, 2b, 3i, 4g, 5e, 6f.

Tarea 2
7c, 8a, 9c, 10a, 11b, 12b.

Tarea 3
13a, 14a, 15c, 16c, 17a, 18b.

Tarea 4
19e, 20b, 21d, 22h, 23a, 24f.

Tarea 5
25b, 26a, 27c, 28a, 29c, 30a.

Prueba 2, Comprensión auditiva

Tarea 1

1. Solución: b
Transcripción: Estás escuchando "A todo gol", el programa de referencia de tu emisora preferida. Hoy vamos a entrevistar al entrenador del único equipo que todavía no ha perdido ni un solo partido en esta competición. No cambies de cadena y quédate con nosotros.

2. Solución: c
Transcripción: Tengo un problema cuando intento añadir el archivo, no sé qué pasa. Tiene más de doscientas páginas, quizás sea demasiado grande para enviarlo por email. Voy a tener que utilizar un programa especial para enviártelo. Lo haré cuando vuelva a casa.

3. Solución: a
Transcripción: La situación, que empezó como la típica discusión en un bar, acabó de forma trágica. El asesino se levantó de la mesa, cogió un cuchillo y atacó a la víctima por la espalda ante la mirada de sorpresa de los otros clientes. Los servicios médicos llegaron rápidamente, pero no pudieron hacer nada para salvar la vida del pobre hombre.

4. Solución: b
Transcripción: Si ya tienes más de dieciocho años este es tu momento. Abre una cuenta con nosotros y disfruta de todas las ventajas que tenemos para jóvenes. Cambio de moneda instantáneo, cuentas de ahorro a cinco años y servicio automático de pago de recibos de luz y agua.

5. Solución: b
Transcripción: El médico le ha dicho a mi hijo que tiene que controlar su dieta. Lo mejor es que evite por completo las chuletas, los solomillos y demás. El doctor le ha recomendado comer cosas más suaves, como el arroz con calabacín o las ensaladas de espinacas.

6. Solución: c
Transcripción: Tienes que pelar y cortar las patatas, después las fríes con abundante aceite. Bate cinco o seis huevos y, cuando las patatas ya estén fritas, quita el aceite y añade el huevo batido. Debes cocinar la tortilla por los dos lados, para darle la vuelta en la sartén puedes utilizar un plato.

Tarea 2

Soluciones: 7c, 8b, 9a, 10c, 11a, 12b.
Transcripción:

Buenos días, me llamo Natalia, soy profesora en una escuela infantil. Creo que este es el trabajo más divertido del mundo, no hay un solo día en el que no vuelva a casa con una sonrisa de oreja a oreja. Quiero tanto a mis alumnos que a veces pienso que son mis propios hijos, sufro mucho cuando los veo tristes y lloro de alegría cuando se hacen grandes y abandonan la escuela, es un momento muy emotivo.

Mi marido es jugador de baloncesto profesional, hace unos años le hicieron una oferta para ir a jugar a un equipo de Estados Unidos, pero decidió rechazarla y quedarse aquí conmigo. No me imagino cómo habría sido nuestra vida allí. Nos conocimos hace muchísimo tiempo, nuestras madres eran muy amigas y nosotros jugábamos juntos de pequeños. En nuestra relación lo más importante es la confianza que tenemos el uno en el otro.

Estoy muy feliz, la semana pasada compramos una casa en las afueras de Madrid, ya no vamos a tener que vivir de alquiler, era horrible. Los padres de mi marido nos han ayudado un poco a pagar la casa y, gracias a esto, no hemos tenido que pedirle dinero al banco. Creo que tener un crédito es algo muy estresante para las personas. Y aún más teniendo en cuenta que el trabajo de mi marido no es muy estable, un año podría sufrir una lesión grave, por ejemplo, romperse una rodilla, y adiós a su carrera. Nunca me han gustado los seguros médicos privados, pero creo que es algo en lo que deberíamos pensar ahora.

En nuestro tiempo libre nos encanta jugar a las cartas o a juegos de mesa, siempre nos divertimos muchísimo juntos, aunque a veces mi marido no sepa perder, creo que él es demasiado competitivo. Tiene que aprender a controlar sus emociones, no me gusta que se enfade con los vecinos si nos ganan jugando al parchís.

Sigo la información política de mi país muy de cerca, pienso que es algo muy importante en nuestras vidas, no entiendo cómo hay gente que va a votar sin ni siquiera saber lo que quieren hacer los políticos con su dinero. Me gusta leer varios periódicos para contrastar la información, además, cuando estoy en la sala de profesores de la escuela siempre tengo la radio encendida con una emisora que da noticias las veinticuatro horas del día.

Tarea 3

Soluciones: 13c, 14a, 15b, 16a, 17b, 18c.
Transcripción:

Iniciamos nuestro informativo sobre la actualidad de nuestros famosos con el divorcio del siglo, Lola Flor y Marco Velázquez se separan y nos dejan a todos sorprendidos. Según nos informan varios conocidos de la pareja, Lola llevaba un tiempo sospechando que su marido era homosexual, puede que estos rumores sean ciertos ya que últimamente hemos visto a Marco en varios actos públicos acompañado de un amigo suyo.

El periodista Rogelio Fuentes escribió en la revista "Moda y hogar" un artículo de opinión muy crítico con la actual reina del país, se refería a ella con frases como: "esta anciana ya no sabe lo que hace, todos pensamos que ha perdido la cabeza" o "ha demostrado por qué ya nadie la quiere en el trono, es hora de que se vaya". La reina ha asegurado que no le importa la opinión de un periodista que ni siquiera acabó la carrera universitaria.

Nos llegan buenas noticias desde el hospital "La Paz", y es que el tenista Rafael Moyá ha sido operado con éxito de su tobillo derecho y podrá volver a competir en menos de un mes. Recordamos que Rafael se rompió el tobillo hace dos días en el partido de semifinales de Roland Garros y fue trasladado inmediatamente al hospital en el que permanece ingresado desde entonces.

Max Guerrero, el cantante de moda ha publicado en su cuenta de Facebook que es uno de los ganadores del premio Gordo de la lotería de este año. Max asegura estar muy contento y dice que va a utilizar el dinero para viajar con su familia alrededor del mundo y promocionar su nuevo proyecto musical.

Nos llegan noticias de otra pareja que no pasa por su mejor momento, Cristina Robles y Manuel Santos no fueron juntos a la gala de los premios Albacete. Cristina asegura que esto puede significar el final de la relación. Por su parte, Manuel Santos ha hablado con varios medios de comunicación y ha dicho que le dejó hasta tres mensajes en el teléfono móvil de su novia.

Y por último hablamos del juicio de Iñaki López, según nos confirman varias fuentes oficiales, el ex alcalde de Valencia había gastado más de cinco millones de euros del ayuntamiento en asuntos personales. La policía ha descubierto facturas falsas y todo parece indicar que Iñaki pasará como mínimo los próximos nueve años en prisión.

Tarea 4

19. Solución: c
Transcripción: Pedro y yo nos conocemos desde que éramos pequeños, nuestras madres eran muy amigas y nosotros íbamos juntos a la guardería. Cuando teníamos cinco años nos apuntaron al mismo equipo de fútbol y desde entonces somos inseparables. Ahora nos vemos menos porque cada uno estudiamos en una ciudad diferente, pero nos escribimos mensajes casi todos los días.

20. Solución: f

Transcripción: Mi madre es la mejor del mundo, siempre me ayuda, incluso cuando está cansada. Hay días que vuelve del trabajo a las diez de la noche y lo primero que hace es preguntarme si necesito algo. Además, creo que ella es la única persona del mundo que dice la verdad en todo momento, nunca miente, ni cuando es un tema delicado.

21. Solución: h

Transcripción: Conocí a mi marido cuando iba a la Universidad. Yo estudiaba medicina y él arquitectura. Al principio hacíamos muchas cosas juntos, pero ahora no quiere salir de casa, se pasa todo el día tumbado en el sofá viendo series de superhéroes. Estoy ya un poco cansada de esta situación, he hablado varias veces con él, pero sigue sin hacer nada.

22. Solución: a

Transcripción: Mi hija Lucía tiene ahora cinco años, la verdad es que no se porta muy bien, mi hermana dice que es por mi culpa, porque no le grito nunca, pero yo no estoy de acuerdo. El otro día, Lucía tiró mi móvil por la ventana, vivimos en un tercer piso y el teléfono se destrozó por completo, ese día grité tanto que me escucharon hasta los vecinos del primero.

23. Solución: g

Transcripción: Tengo muchos sobrinos, pero estoy especialmente preocupada por uno de ellos. Tiene miedo de todo: de los perros, gatos, ascensores, coches, aviones y de muchísimas más cosas. Nunca quiere salir de su habitación y se despierta por las noches porque tiene pesadillas. Creo que sus padres deberían llevarle a una consulta con un psicólogo.

24. Solución: e

Transcripción: Mi amigo Paco se va a vivir a San Francisco. Todavía no sé cómo lo ha decidido así de rápido, casi sin pensarlo. Conoció a una chica de allí hace unos meses por las redes sociales y han decidido que van a alquilar un piso juntos, sin haberse visto nunca en persona. ¡Están locos!

Tarea 5

Soluciones: 25a, 26c, 27b, 28b, 29c, 30b.
Transcripción:
HOMBRE: Buenos días, Eli.
MUJER: Hola, Juan. ¿Qué tal estás? Me dijeron que te caíste de la bicicleta.
HOMBRE: Sí, me rompí varios huesos. Ahora mismo solo me duele el codo derecho, creo que no podré jugar al tenis en un tiempo. Estoy en el hospital, pero no te preocupes, que yo me siento muy bien, quizás sea por la medicación que me dan.

MUJER: Vaya, espero que te recuperes pronto. Yo odio los calmantes para el dolor, no me tomo pastillas ni cuando tengo la regla.

HOMBRE: Eso mismo me dijo Alicia, mi vecina del tercero.

MUJER: Uhh, no me hables de ella, íbamos juntas a la escuela y no la soporto, es una persona muy arrogante.

HOMBRE: Bueno, en esas cosas yo no me meto. Acaba de entrar la enfermera y me ha traído mi comida de hoy: cerezas, piña y un vaso de agua.

MUJER: No quiero darte envidia, pero yo estoy en un restaurante y no sé si pedir chuletas o solomillo.

HOMBRE: Ohh, no seas mala, no me digas esas cosas.

MUJER: Lo siento, Juan. Entonces, ¿cuándo podremos quedar para jugar al tenis?

HOMBRE: Creo que la recuperación del codo va a ser larga, tres o cuatro meses sin deporte. De momento, se acerca Nochebuena, ojalá Papá Noel me traiga un buen libro.

MUJER: Sí, pues hablaré con Papá Noel, a ver qué puede hacer. Yo terminé hace poco la novela de Carlos Ruiz Zafón, "La sombra del viento", te la recomiendo.

HOMBRE: Gracias, Eli. Tengo que colgar ya porque voy a comer.

MUJER: Yo también, cuídate mucho, voy a intentar ir a visitarte el fin de semana. Un beso.

VOCABULARIO Y MODELO 3

1. 1 algodón, 2 cirujano, 3 pulmón, 4 seguro, 5 embarazada, 6 tirita, 7 clínica, 8 sano, 9 muñeca, 10 estresado, 11 baja.

2. 1 adelgazó, 2 te afeites, 3 se quemaba, 4 tomar, 5 engordarás, 6 está, 7 me di, 8 respires, 9 curó, 10 cuides.

Prueba 1, Comprensión de lectura

Tarea 1
1a, 2d, 3f, 4b, 5i, 6g.

Tarea 2
7b, 8a, 9c, 10a, 11b, 12c.

Tarea 3

13a, 14c, 15c, 16a, 17b, 18b.

Tarea 4

19d, 20b, 21f, 22h, 23a, 24g.

Tarea 5

25a, 26c, 27b, 28b, 29a, 30b.

Prueba 2, Comprensión auditiva

Tarea 1

1. Solución: c
Transcripción: Todo el mundo me dice que mi hijo Rafa se parece muchísimo a su abuelo cuando tenía su edad, he visto algunas fotos y son como dos gotas de agua. Tienen la misma mirada. Pero el carácter, sin duda, lo ha heredado de mí.

2. Solución: c
Transcripción: Cuando todo pasó yo estaba en una silla, al escuchar el golpe me levanté rápidamente y fui al garaje para ver qué había sucedido. Allí me encontré a mi hermano en el suelo, se había caído de la moto.

3. Solución: a
Transcripción: Desde que estoy embarazada no me encuentro muy bien, he ido dos veces al hospital esta semana y por fin me han dado la baja, ya era hora. No tengo ningunas ganas de volver a mi oficina, ya veremos qué haré en el futuro.

4. Solución: b
Transcripción: Ayer estaba cocinando y viendo la televisión al mismo tiempo. No sé muy bien qué pasó, pero me hice un corte bastante grande, me mareé y mi amiga tuvo que llamar a una ambulancia. Creo que voy a tener que cancelar mi excursión a la montaña del fin de semana, íbamos a escalar.

5. Solución: a
Transcripción: Debemos hacer todo lo posible por reciclar y luchar contra la contaminación de nuestras ciudades. Si protegemos la naturaleza y conservamos el medio ambiente viviremos en un mundo mejor. En este momento lo que más me preocupa es el agujero en la capa de ozono.

6. Solución: c
Transcripción: Primero hay que plantar las semillas, luego poner un poco de agua y esperar a que salgan las raíces y las primeras hojas. Si regamos

regularmente y no hace demasiado frío deberían crecer y dar frutos en menos de dos años.

Tarea 2

Soluciones: 7b, 8c, 9b, 10c, 11b, 12a.
Transcripción:

Hola, ¿qué tal? Mi nombre es Ricardo, pero todos me llaman Ricky. Al igual que mi hermana, estudio en la universidad de Sevilla, este es nuestro último año, los dos tenemos unas notas bastantes buenas. Me considero una persona afortunada, no necesito estudiar muchas horas para memorizar o aprender algo. Estoy preparándome para ser profesor de educación física, mis asignaturas preferidas son las que hacemos en el exterior, me encanta estar al aire libre.

Soy español, nací en un pequeño pueblo que está cerca de Cádiz, pero tengo la piel muy oscura y la gente me pregunta si soy de Marruecos o de Argelia. El color de piel lo he heredado de mi padre, es lo único que tengo suyo, él es una persona seria y trabajadora, por el contrario, yo soy más parecido a mi madre, alegre, hablador y un poco alocado.

Me encanta la comida basura, sé que debería dar ejemplo y llevar una dieta sana, pero es que no puedo resistirme a estos platos pesados de carne que te dejan sin poder ni moverte del sofá. El año pasado tuvimos una asignatura sobre nutrición y creo que no sigo ninguna de las recomendaciones que nos daba la profesora. Recuerdo un tema del libro que hablaba sobre la influencia del alcohol en el cuerpo, desde hace un mes me despierto todos los domingos con una resaca horrible, esto no puede ser bueno.

Hoy en día podemos encontrar información sobre nutrición en muchísimas páginas web. Miles de personas te bombardean con sus recomendaciones inútiles. Lo mejor es cenar unas cerezas o un kiwi, muchísimo más sano que tomar embutidos y fritos por la noche. Esto lo sabe todo el mundo, pero… ¿Quién lo hace? Otra cosa que deberíamos controlar es el azúcar, pero es que todo lo que está bueno lleva azúcar.

Hace unos años sufrí un ataque al corazón, el médico dijo que es algo raro a mi edad. Desde entonces, mis padres y mi hermana no paran de decirme que tengo que cuidarme y perder algo de peso. Me lo recuerdan cada vez que nos vemos, estoy ya un poco cansado de este tema de conversación. Mi abuelo era entrenador de fútbol profesional, llegó a entrenar al Atlético de Madrid, él es el único que me entiende, me dice siempre que solo hay una vida y que en ella tenemos que hacer lo que el corazón nos diga.

Tarea 3

Soluciones: 13b, 14c, 15a, 16c, 17b, 18b.
Transcripción:

Abrimos el informativo de hoy con una noticia esperanzadora. Un grupo de científicos de la Universidad de Colorado afirma haber encontrado la vacuna contra el sida. El director del proyecto asegura que la vacuna tiene una efectividad del 95 % y podría estar en el mercado a partir del mes de diciembre.

Hoy se celebra en muchos países el día internacional del té. Lo que para muchos es un ritual diario casi obligatorio, para otros es algo totalmente desconocido. Hemos hablado con varios expertos en nutrición y todos coinciden en lo mismo: una manzanilla, una tila o un poleo menta pueden tener propiedades que ayudan a nuestro organismo en el día a día.

Preocupa el estado de salud del piloto del ejército del aire que sufrió el accidente el sábado pasado durante el desfile del día de la Hispanidad. Su caza se estrelló en un bosque cercano a la base desde la que despegó. El soldado tuvo tiempo de saltar en paracaídas, sin embargo, se encontraba demasiado cerca del suelo y se rompió varios huesos al caer.

La conferencia de oculistas dará comienzo el próximo martes y durará hasta el viernes. En la edición anterior se llenó la sala de público que provenía de todas partes de España. Este año los organizadores han decidido alquilar una sala mayor para evitar los problemas de aforo y confían en que el evento ayude a mejorar a todos los profesionales de este sector.

Ya se pueden ver en los aeropuertos las nuevas medidas de seguridad que aprobó el gobierno en enero. Desde hace dos semanas es obligatorio que los menores estén acompañados por un adulto en todo momento y queda totalmente prohibido acceder al avión con gorra, sombrero o cualquier otro complemento de ropa que permita ocultar la cara. Por el momento, no se han producido incidentes y todo funciona con normalidad.

Los ganaderos de la región aseguran que, al haber disminuido la demanda de carne en el último año, las vacas no caben en las granjas. Piden ayudas al gobierno y aseguran que la situación puede obligarles a cerrar sus negocios, lo que aumentará el paro en la región. Anuncian que las protestas empezarán la próxima semana.

Tarea 4

19. Solución: h
Transcripción: El pasado viernes estuve en la reunión de antiguos alumnos de medicina. Había un montón de gente. Cenamos en el restaurante del hotel Milenio, de primero comimos ensalada de salmón y de segundo había cordero al horno. Lo mejor de todo es que, a la hora del postre, pusieron seis o siete tartas en el centro de la mesa, estaban deliciosas, creo que las probé todas.

20. Solución: d
Transcripción: Fue una pena, había quedado con novio en el gimnasio a las diez y media, pero cuando llegué él ya se había ido. Finalmente, estuve una hora haciendo aeróbic y después me relajé en la piscina. Creo que me gusta mucho más bañarme que hacer ejercicio.

21. Solución: a
Transcripción: Después de pensarlo bien, he comprado las pastillas para la diarrea que me recomendaron en el centro de salud. En algunos foros de internet leí que no eran muy buenas y que podían provocar dolores, pero el enfermero me aseguró que son las mejores que hay ahora mismo en el mercado y me dijo que en esos foros se escriben muchas tonterías.

22. Solución: b
Transcripción: No sé qué me pasa. Aunque como solamente verduras no consigo perder peso. Estoy empezando a pensar que mi cuerpo es así por genética y que no puedo cambiarlo. Solo tenemos una vida y si no la disfrutamos creo que perdemos el tiempo que tenemos, para mí esta dieta es un sufrimiento.

23. Solución: f
Transcripción: Abrí el buzón y ahí estaba, tenía el sello del hospital, cuando la miré detenidamente me di cuenta de que estaba firmada por el propio doctor Casillas. Por suerte, eran buenas noticias, no voy a tener que operarme, solo ir a una visita de control en tres semanas.

24. Solución: e
Transcripción: Hace unos años estuve colaborando con una ONG, no me pagaban nada, pero me daban comida y una habitación para dormir. Me sentía muy bien haciendo mi trabajo y ayudando a las personas que de verdad lo necesitan. Es algo que le recomiendo a todo el mundo, yo lo volvería a hacer.

Tarea 5

Soluciones: 25b, 26c, 27a, 28b, 29a, 30a.
Transcripción:

MUJER: Dígame, ¿quién es?

HOMBRE: ¡Feliz cumpleaños, Lola! Soy tu primo Rafa. Mira debajo de la mesa del salón, te he dejado un regalito. Creo que te va a gustar.

MUJER: ¡Oh! Son unos esquís, muchísimas gracias. Me encantan.

HOMBRE: Mira bien, también hay un casco, debe de estar al lado.

MUJER: Sí, ya lo veo, es precioso.

HOMBRE: Sé que te gusta cuidarte, quería comprarte unos cosméticos, pero no sabía cuáles elegir, así que he optado por tu segunda pasión, los deportes de invierno.

MUJER: Y has acertado. Pero estos esquís parecen muy buenos, te habrán costado un montón, te has pasado, primo.

HOMBRE: No te preocupes, Lola. La tienda estaba de rebajas. Cuéntame qué tal fue la fiesta anoche.

MUJER: Muy bien, vinieron todos mis amigos y estuvimos aquí en casa.

HOMBRE: ¿Brindasteis con champán? A mí me encanta.

MUJER: No, lo probé hace tiempo, pero el alcohol en general tiene un sabor muy fuerte para mí. Sabes que yo soy más de infusiones.

HOMBRE: Bueno, pues para llevar una vida sana te recomiendo el canal de YouTube "Sin azúcar", mi novia lo sigue a diario y dice que lo encuentra muy útil.

MUJER: Muchas gracias, lo voy a buscar ahora mismo.

HOMBRE: Otra cosa más, los esquíes y el casco tienen garantía, si tienes cualquier problema con ellos o ves que tienen algún defecto, dímelo, que tengo el ticket de compra en mi casa y vamos a la tienda para hacer la reclamación.

MUJER: Perfecto, estoy muy emocionada. Gracias de nuevo.

HOMBRE: De nada, prima. Espero que nos veamos pronto.

MUJER: ¡Adiós!

VOCABULARIO Y MODELO 4

1. 1 carpintero, 2 casco, 3 funcionario, 4 huelga, 5 contrato, 6 licenciado, 7 sueldo, 8 sustituto, 9 periodista, 10 tinta, 11 dependiente.

2. 1 solicitar, 2 sepas, 3 introducir, 4 atendió, 5 enseñará, 6 me he equivocado, 7 suspendí, 8 corregiría, 9 subrayar, 10 construyas.

Prueba 1, Comprensión de lectura

Tarea 1
1e, 2b, 3g, 4i, 5a, 6h.

Tarea 2

7a, 8c, 9c, 10a, 11c, 12b.

Tarea 3

13b, 14a, 15c, 16b, 17c, 18a.

Tarea 4

19b, 20e, 21h, 22c, 23a, 24g.

Tarea 5

25b, 26a, 27c, 28a, 29a, 30c.

Prueba 2, Comprensión auditiva

Tarea 1

1. Solución: a
Transcripción: Desde que hemos cambiado de oficina lo tengo mucho más difícil por las mañanas, ahora trabajo en las afueras de la ciudad y tengo que levantarme a las seis de la mañana, ponerle comida al conejo y salir corriendo de casa.

2. Solución: c
Transcripción: Por favor, por respeto al resto de empleados, fregad después de utilizar las tazas, cucharillas y vasos. Por su parte, la empresa se compromete a comprar un café de mejor calidad. Entre todos haremos que el día a día sea más agradable.

3. Solución: b
Transcripción: Para acceder, debes introducir tu nombre de usuario y tu contraseña en la página principal y hacer clic en el botón naranja. Una vez dentro, ya podrás descargar las facturas del cliente. Si necesitas ayuda ven a mi despacho.

4. Solución: b
Transcripción: Todos los padres deben recoger a sus hijos antes de las cinco de la tarde, especialmente a los de menos de dos años. Las cuidadoras no pueden quedarse más tiempo haciendo su trabajo del que pone en su contrato. Por favor, entended la situación.

5. Solución: a
Transcripción: Hola Pedro, me gustaría charlar contigo sobre lo que pasó el otro día en la fábrica. El lugar y la hora me dan igual, podemos vernos, por ejemplo, en la cafetería de la zona norte a las seis de la tarde.

6. Solución: b

Transcripción: Por favor, dile al jefe que compre tres o cuatro paquetes de folios, ya casi no nos quedan. Y que lo haga rápido, los vamos a necesitar ahora que nos ha dicho que tenemos que imprimir todas las facturas.

Tarea 2

Soluciones: 7c, 8a, 9b, 10a, 11b, 12c.
Transcripción:

Me llamo Andrea, soy de Zaragoza, pero desde hace cinco años vivo en Valencia. Me mudé aquí por trabajo, soy científica, trabajo en un laboratorio. Mi trabajo consiste en buscar nuevas medicinas y vacunas, me encanta lo que hago a pesar de que el sueldo no sea muy alto, me siento útil. Me parece increíble que no se pague más a los científicos en este país, sin nuestro trabajo la sociedad no avanzaría y seguiríamos sin tener soluciones para las enfermedades más básicas.

Valencia no está mal, pero echo muchísimo de menos la ciudad donde nací, sobre todo porque allí vive casi toda mi familia. Mis padres son funcionarios, trabajan en la oficina donde la gente se hace el DNI, se conocieron allí hace ya más de veinticinco años y desde entonces trabajan juntos. Quizás no sea el lugar más romántico del mundo para conocerse, pero ellos son muy felices.

Recuerdo que durante mis estudios quería tener algo de dinero, por eso estuve trabajando en varias empresas, no tengo muy buenos recuerdos de aquellos empleos. En la mayoría de los casos, los jefes se aprovechaban de que los trabajadores éramos jóvenes y nos ofrecían unas condiciones pésimas, me pone de muy mal humor pensar en ello. Por suerte todo aquello ya pasó. Acabé mi carrera sin tener que pedir dinero a mis padres, me siento orgullosa de mí misma.

En la cocina soy una persona muy específica, tengo algunas manías. Por ejemplo, me encantan los huevos duros, pero nunca me como la yema, siempre hago el mismo ritual: quito la cáscara del huevo, aparto la yema y me como solamente la clara. Con el aceite también soy bastante especial, solo utilizo aceite de oliva, hace más de diez años que no pruebo otro. Mucha gente me ha dicho que el aceite de girasol es mejor para freír, pero cuando se me mete algo en la cabeza no hay quien me lo quite, así que seguiré haciendo mis patatas fritas con aceite de oliva.

En el trabajo tenemos muchísima libertad para hacer lo que queramos, eso está muy bien. Cuando me entra el hambre, que suele ser con bastante frecuencia, puedo hacer un descanso de diez minutos y tomar algo. Mi jefe, que antes era una persona muy arrogante e impaciente, últimamente ha cambiado mucho y está de un humor increíble. La gente comenta que está saliendo con una de las recepcionistas del turno de tarde y está totalmente enamorado.

Tarea 3

Transcripción:

Bienvenidos a "Informe semanal". Hoy empezamos hablando de un misterio que sigue sin resolverse en Zaragoza. La policía todavía no ha podido encontrar a la joven Amanda Sánchez que lleva desaparecida desde el sábado pasado. Lo último que se sabe de Amanda es que estaba trabajando de canguro para una familia durante el fin de semana. Los padres de la joven piden ayuda a todos los vecinos de la ciudad.

El presidente del gobierno ha asegurado que está tratando de solucionar la situación de todos los jubilados que todavía no han recibido el dinero de las ayudas que prometió en marzo del pasado año. El presidente culpa de todo lo sucedido a la Unión Europea, pues dice que nuestro país sigue esperando al pago que se nos debe de todo el trimestre pasado.

Otro presidente pidiendo disculpas, y es que en este caso Enrique Pérez, presidente de la empresa eléctrica IBERLUZ, ha emitido un comunicado oficial para asegurar que repasarán y corregirán todas las facturas de los últimos cinco años. Muchos clientes ya han cancelado sus contratos al sentirse engañados por la empresa.

Los alumnos de la Universidad Internacional encontrarán un campus totalmente diferente el próximo curso. Según palabras del rector: "se ha hecho una inversión de tres millones de euros para poner césped por toda la universidad y renovar la zona de la cafetería". Las obras empezarán esta misma semana y está previsto que duren alrededor de un mes.

Desde hoy mismo los jubilados ya pueden hacer uso del nuevo centro social que se encuentra en la calle Libertad. Este lugar cuenta con mesas de billar, una zona para jugar a los dardos e incluso una pequeña bolera. El acceso es totalmente gratuito con la tarjeta de la tercera edad y, por el momento, el centro social solamente abrirá de jueves a domingo, de nueve de la mañana a cinco de la tarde.

Concluimos el informativo con un consejo para nuestros espectadores. Si descargáis la aplicación de nuestra cadena en el teléfono móvil o tableta, tendréis acceso a toda la información de actualidad en directo. Además, en la aplicación se pueden ver los programas antiguos y los comentarios de otros usuarios.

Tarea 4

19. Solución: f
Transcripción: Estoy buscando un nuevo trabajo, escribí de nuevo mi currículum y ya he tenido algunas entrevistas en empresas de logística. A todos los entrevistadores les digo lo mismo, que estoy disponible para incorporarme inmediatamente y que tengo vehículo propio. Tengo estudios y experiencia, creo que encontraré un empleo rápidamente.

20. Solución: b
Transcripción: Ahora soy cocinero en un restaurante de comida asiática. Mi jefe me ha dicho que debo cortarme el pelo y afeitarme para poder continuar trabajando aquí. No me parece justo, pero lo voy a hacer porque no quiero quedarme en la calle, tengo que pagar el alquiler y necesito mi sueldo.

21. Solución: d
Transcripción: Nuestro nuevo profesor de música es muy creyente, recuerdo un día que, en vez de darnos clase, nos llevó a todos a misa y estuvimos allí rezando durante cuarenta minutos. Otra vez nos llevó al Zoo para escuchar las melodías que hacen las aves. Sus clases son de todo menos aburridas.

22. Solución: h
Transcripción: Trabajé durante cinco años en el huerto de mi abuelo. Es un empleo muchísimo más duro de lo que parece. Hay que levantarse todos los días a las cinco de la madrugada y, normalmente, la jornada se acaba a las seis de la tarde. Además, en verano hay que regar dos veces al día.

23. Solución: e
Transcripción: El otro día, al salir del trabajo, fui a tirar la basura como siempre. Tenía mi móvil en la mano y, cuando abrí el contenedor de reciclaje de vidrio, se me cayó el teléfono dentro, olía muy mal. Me metí dentro del contenedor para sacar el móvil, lo conseguí, pero me hice cortes en las dos manos.

24. Solución: a
Transcripción: Un amigo mío es reportero, ahora vive y trabaja en Rabat porque hay un conflicto armado en la zona, es muy peligroso salir a la calle, hay soldados por todas partes y está muriendo gente inocente. Mi amigo me dijo que el otro día explotó una bomba debajo de su hotel.

Tarea 5

Soluciones: 25c, 26a, 27b, 28a, 29c, 30b.
Transcripción:
MUJER: Buenos días, mi nombre es Mila González, llamo del banco Cantabria.
¿Podría hablar con el presidente de la empresa, por favor?

HOMBRE: Disculpe, pero en este momento está en una reunión. Yo soy Noé, su
secretario. ¿En qué puedo ayudarle?

MUJER: Quería simplemente comentarle que su empresa debe dinero al banco
e informarle de que hoy es el último día que puede pagar.

HOMBRE: Pues hoy no creo que el presidente pueda ir en persona, ya que tiene
todo el día ocupado, pero se lo diré.

MUJER: No es necesario que venga el señor presidente en persona, puede
usted mismo venir al banco con el dinero. En total se deben 278 €.

HOMBRE: Pero yo aquí no tengo acceso a la caja de la empresa, ni tampoco
tengo nada suelto en mi cartera.

MUJER: Por favor, informe a su jefe de que esta situación provocará una subida
de los precios de los productos que el banco ofrece a su empresa. Si no
recuerdo mal, están interesados en los créditos en dólares estadounidenses.

HOMBRE: Sí, nuestra empresa exporta principalmente a Estados Unidos y
estamos desarrollando allí una campaña de publicidad en medios de
comunicación.

MUJER: De acuerdo, ¿puede decirle al señor presidente que me llame cuando
pueda? Quiero enviarle por email un documento sobre la riqueza de los
estadounidenses en los últimos tres años, que no para de crecer.

HOMBRE: Creo que esto le va a interesar mucho. Se lo diré. Muchas gracias por
su llamada.

MUJER: A usted, que tenga un buen día.

AGRADECIMIENTOS

A ti, por comprar y utilizar este libro, espero que te ayude a superar el examen DELE B1 sin problemas.

Para cualquier duda sobre el libro, escríbeme a mi dirección: ramondiezgalan@gmail.com

Si puedes dejar un comentario sobre el libro en la página web donde lo compraste me ayudarías muchísimo ☺

Muchas gracias a todas las personas que han colaborado con recursos gráficos o con sus voces para hacer posible la publicación de este manual:

Antonio Pérez

Gonzalo Ortega

María del Mar Díez

Francisco Pardines

Agata Łuczyńska

Jorge Llopis

María López

Mariano Aranda

Manuel Galán

Marta Galán

Joana Valldeperez

José Vicente Ribés

Jennifer Moreno

José Carlos Navarro

Javier Pastor

Mar Aguilar

Melez González

Alejandro Arriaga

Mayte Cortés

Noelia Bogado

Miguel Velayos

Catalina Barona

Alba Pardo

LIBROS QUE TE PUEDEN INTERESAR

 "NUEVO DELE A1", cuaderno de ejercicios para preparar la prueba de español DELE A1. Incluye tres modelos completos del examen, ejercicios de preparación, consejos, audios y soluciones.

 "NUEVO DELE A2", es un manual para preparar el examen de español DELE A2, contiene 4 modelos completos del examen, soluciones, consejos y ejercicios de vocabulario.

 "NUEVO DELE B2", manual para preparar el examen de español DELE B2, contiene 4 modelos completos del examen, soluciones, audios, consejos y ejercicios de vocabulario.

 "NUEVO DELE C1", es un manual para preparar la prueba de español DELE C1. Incluye 4 modelos completos del examen, soluciones, audios, consejos y ejercicios de vocabulario.

 "NUEVO DELE C2", se trata de un manual para preparar el examen de español DELE C2, contiene 4 modelos completos del examen, soluciones, consejos y ejercicios de vocabulario.

 "SIELE, preparación para el examen" es un libro para todos aquellos estudiantes que desean presentarse a la prueba de lengua española SIELE. El libro contiene multitud de ejercicios desde el nivel A1 hasta el nivel C1.

 "24 horas, para estudiantes de español" es una novela criminal adaptada para estudiantes, con una gramática muy sencilla que se puede entender sin problemas a partir del nivel A2 en adelante. La historia tiene lugar en Alicante, contiene aclaraciones de vocabulario, ejercicios y un juego de pistas.

"Vocabulario español A1" es un diccionario ilustrado por categorías y multitud de ejercicios para estudiantes de primer año de español. Es perfecto para consolidar el nivel básico de español. Incluye multitud de actividades online.

 "La prisión: elige tu propia aventura" es una novela para los estudiantes de nivel más avanzado. Tiene 31 finales diferentes a los que llegaremos tomando diferentes decisiones. El objetivo es escapar de la prisión.

 "Materiales para las clases de español" es un libro con cientos de recursos que los profesores pueden utilizar en sus clases. Incluye ejercicios de todo tipo y para todos los niveles, tanto para clases individuales como para grupos. El libro en sí, es una fuente de inspiración para los docentes.

 "Hermes 2, para practicar el subjuntivo" es una novela de ciencia ficción para estudiantes de español. Leyendo las aventuras de la tripulación de una moderna nave espacial, podrás practicar los diferentes tiempos del modo subjuntivo.

 "Conversación, para las clases de español" es un libro para profesores de español con multitud de ejercicios de expresión oral. Un manual con debates, situaciones de rol, ejercicios de exámenes, juegos y mucho más.

 "Spanish for Business", es un manual para todas aquellas personas que utilizan la lengua española en su trabajo. El libro incluye un modelo completo del examen DELE B2.

 "OBJETIVO SUBJUNTIVO" es un cuadernillo de ejercicios bueno, bonito y barato para practicar los diferentes tiempos del modo subjuntivo en español. Además, el cuadernillo da acceso a un curso online a un precio especial.

 "Aprender español con canciones" es un es un libro para aprender de una forma diferente. Lo más importante es que el alumno descubre una gran cantidad de artistas de diferentes países que cantan en español.

MUCHA SUERTE CON EL EXAMEN

3 COLORES

3 NIVELES

PARA MÁS CONTENIDO GRATUITO, ÚNETE A LA COMUNIDAD DE INSTAGRAM:

EL SEMÁFORO ESPAÑOL

(PARA EL NIVEL B1 USA LAS TARJETAS NARANJAS)

RECUERDA QUE EN LAS REDES SOCIALES DE SPANISH CLASSES LIVE TIENES TODAS LAS NOTICIAS SOBRE LOS EXÁMENES DELE.

S P A N I S H
CLASSES LIVE

ASÍ COMO UN DESCUENTO DEL 20 % EN LA WEB DE SPANISH CLASSES LIVE PARA HACER EL CURSO ONLINE DE PREPARACIÓN AL **DELE B1** (SIN LIBRO). USA EL CÓDIGO: amazon20

Made in the USA
Las Vegas, NV
20 October 2024

10054157R00089